事例解説

すぐわかる選挙運動
―ケースでみる違反と罰則―

山梨学院大学ローカル・ガバナンス研究センター 監修
三好 規正（山梨学院大学准教授）著

イマジン出版

はじめに

　選挙はいうまでもなく、民主政治の基本であり、国民の最も重要な政治参加の機会である。選挙が違反なく公正に行われるためには、候補者や選挙運動従事者が選挙運動の基本的ルールを定める公職選挙法をよく理解しておくことが不可欠である。公職選挙法は、戦後間もない昭和25年に制定された法律であるが、何度も改正が繰り返され、選挙制度自体も大きく変わってきた結果、すこぶる難解な規定が少なくない。たとえばポスターやビラなどの大きさや枚数に至るまでこと細かく規定されており、罰則についても複雑な制度となっている。平成6年に行われた公職選挙法改正による連座制の強化をきっかけとして、悪質な買収等の違反は減少傾向にあるものの、選挙の度に何らかの違反により検挙される事例は後を絶たない。どのような行為が違反にあたるのか、現行制度上、行うことが可能な選挙運動は何かといったことについての理解が不十分なこともこの一因ではないかと思う。

　筆者はかつて県選挙管理委員会職員として通算10年勤務した経験があるが、県選管では選挙運動に携わる人たちや有権者、時には市町村選管などの行政機関からも公職選挙法の解釈についての問い合わせを受けることが少なくない。その際感じたのは、これまでに出版、市販されている解説書の多くは、自治省（現総務省）あるいは法務省・検察関係者の手になる選管職員や捜査官向けの詳細な逐条解説が大半で、これから選挙運動に携わろうという人や有権者向けに選挙制度、とりわけ一般的な関心の高い選挙運動と罰則について平易に解説したものがあまり見当たらないということである。このようなことから、浅学非才を省みず入門的解説書として執筆しようと思い立ったのが本書である。

本書の構成は、第一章においては選挙のしくみについての概要を説明し、第二章において違反とその罰則について触れている。第二章では、立候補の決意から選挙運動、当選後の問題に至るまでの流れにできるだけ沿うように全体を計35のセクションに区分している。実際に政治活動を行う際に避けて通れないのは政治団体（後援会）の設立であるが、これについての一般的ルールを定めるのは公職選挙法ではなく政治資金規正法であるので、必ずしも法律の体系にはこだわらず、これについての説明もあわせて行っている。各セクションには、冒頭にCASEとして具体的な違反事例を掲げ、次に制度の解説を行った上で、最後にCASEの検討を置いている。CASEで取り上げた事例は、大半が身近な地方公共団体の選挙に関するものであるが、国政選挙においても基本的な考え方は同じである。このような書物の性格上、解説についてはすべて判例や旧自治省等の解釈に基づいて行い、私見の表明は極力抑えている。CASEについては過去の判例や実務上問題となった事例等を素材とした創作であるが、どこが違反となるのか各自考えた上で解説を読んでいただければ公職選挙法に定める選挙運動と罰則のあらましを理解することができると思う。もちろん、実際の罰則の適用は、捜査機関による捜査、裁判所による判決の言い渡しという一連の流れの中で詳細な事実認定と擬律判断を経て行われるものであり、単純に結論が出せるものではないことはいうまでもないが、あえてこのような形式を採ったのは、罰則の視点から公職選挙法を考えることが制度の概要の把握に有用であると考えたからである。
　「法は社会の進歩に遅れる」と言われることがある。わが国における現在の選挙運動に対する規制の現状をより多くの読者の皆様方に正確に理解していただくことにより、たとえばインターネットによる選挙運動の解禁など、時代にふさわしい選挙制度のありかたを考え、論議していくこと(立法政策論)につながっていけば幸甚である。
　最後に本書の執筆に当たり一部始終、お世話になったイマジン出

版株式会社の青木菜知子氏に心より御礼申し上げたい。

2007年4月

三好規正

目　次

はじめに
目次

第1章　選挙基礎知識
　　　　～選挙制度の仕組みとあらまし～ …………… 15

　1．選挙の種類 …………………………………… 15
　2．選挙権・被選挙権 …………………………… 16
　3．選挙人名簿 …………………………………… 20
　4．投票 …………………………………………… 21
　5．期日前投票と不在者投票 …………………… 23
　6．開票 …………………………………………… 26
　7．当選人の決定 ………………………………… 28
　8．選挙運動 ……………………………………… 30
　9．寄附の禁止に関する3ない運動 …………… 32

第2章　ケースで考える選挙違反と罰則 ………… 35

　CASE①　事前運動、法定外文書頒布 …………… 35
　　［解説］ ………………………………………… 35
　　　1　選挙運動について ……………………… 35
　　　2　選挙運動のために使用する文書図画について ……… 38
　　CASEの検討・参照条文 …………………… 40
　CASE②　政治団体の設立、収支報告書の提出 …… 42
　　［解説］ ………………………………………… 42
　　　1　政治団体 ………………………………… 42
　　　2　政治資金の収支の公開等 ……………… 45
　　CASEの検討・参照条文 …………………… 46
　CASE③　政治団体に対する寄附と政治資金パーティの制限 … 48

［解説］ …………………………………………………………… *48*
　　　　1　寄付の制限 ……………………………………………… *48*
　　　　2　政治資金パーティー …………………………………… *52*
　　　CASEの検討・参照条文 ………………………………………… *54*
CASE④　候補者等及び後援団体の政治活動用文書図画の掲示の
　　　　制限（平常時の政治活動の規制） ………………………… *56*
　　　［解説］ …………………………………………………………… *56*
　　　CASEの検討・参照条文 ………………………………………… *62*
CASE⑤　候補者等のあいさつ状の禁止、有料広告の禁止 …… *64*
　　　［解説］ …………………………………………………………… *64*
　　　　1　時候のあいさつ状の禁止 ……………………………… *64*
　　　　2　あいさつを目的とする有料広告の禁止 ……………… *65*
　　　CASEの検討・参照条文 ………………………………………… *66*
CASE⑥　選挙運動の収支規制（その１）
　　　　（選挙運動に関する収入及び支出の規制） ……………… *67*
　　　［解説］ …………………………………………………………… *67*
　　　　1　収入、寄附及び支出とは ……………………………… *67*
　　　　2　出納責任者の選出 ……………………………………… *69*
　　　　3　出納責任者の職務 ……………………………………… *71*
　　　CASEの検討・参照条文 ………………………………………… *73*
CASE⑦　選挙運動の収支規制（その２）
　　　　（選挙運動費用の制限と実費弁償・報酬の支給） ……… *75*
　　　［解説］ …………………………………………………………… *75*
　　　　1　選挙運動費用の制限と法定選挙費用 ………………… *75*
　　　　2　選挙運動員又は労務者に対する実費弁償又は報酬の支給
　　　　　　………………………………………………………………… *77*
　　　CASEの検討・参照条文 ………………………………………… *81*
CASE⑧　公職の候補者等の寄附の禁止 ………………………… *84*
　　　［解説］ …………………………………………………………… *84*
　　　　1　公職の候補者等の寄附の禁止 ………………………… *84*

2　候補者等の寄附の禁止の罰則 ……………………………… 87
　　3　候補者等を名義人とする寄附の禁止 ……………………… 88
　　4　寄附の勧誘・要求の禁止 …………………………………… 89
　CASEの検討・参照条文 ………………………………………… 90
CASE⑨　特定寄附の禁止、公職の候補者等の関係会社の寄附の禁
　　　　止、公職の候補者等の氏名を冠した団体の寄付の禁止 94
　［解説］ ……………………………………………………………… 94
　　1　特定の寄附の禁止 …………………………………………… 94
　　2　候補者等の関係会社等の寄附の禁止 ……………………… 96
　　3　候補者等の氏名等を冠した団体の寄付の禁止 …………… 97
　CASEの検討・参照条文 ………………………………………… 98
CASE⑩　後援団体に関する寄附等の禁止 ……………………… 100
　［解説］ ……………………………………………………………… 100
　CASEの検討・参照条文 ………………………………………… 103
CASE⑪　特定公務員の選挙運動の禁止・公務員の地位利用によ
　　　　る選挙運動の禁止・教育者の地位利用の禁止 ……… 105
　［解説］ ……………………………………………………………… 105
　　1　選挙運動を禁止される公務員 ……………………………… 105
　　2　公務員等の地位利用による選挙運動の禁止 …………… 108
　CASEの検討・参照条文 ………………………………………… 111
CASE⑫　未成年者の選挙運動の禁止・選挙権及び被選挙権を有
　　　　しない者の選挙運動の禁止 …………………………… 113
　［解説］ ……………………………………………………………… 113
　　1　未成年者の選挙運動の禁止 ………………………………… 113
　　2　選挙権及び被選挙権を有しない者の選挙運動の禁止 … 114
　CASEの検討・参照条文 ………………………………………… 115
CASE⑬　戸別訪問 ………………………………………………… 116
　［解説］ ……………………………………………………………… 116
　　1　戸別訪問 ……………………………………………………… 116
　　2　戸別訪問類似行為 …………………………………………… 117

3　個々面接 ……………………………………………………… *118*
　CASEの検討・参照条文 ………………………………………… *118*
CASE⑭　署名運動、人気投票の公表 …………………………… *119*
　[解説] ……………………………………………………………… *119*
　　　1　署名運動 ……………………………………………………… *119*
　　　2　人気投票の公表の禁止 …………………………………… *121*
　CASEの検討・参照条文 ………………………………………… *121*
CASE⑮　飲食物の提供 ……………………………………………… *123*
　[解説] ……………………………………………………………… *123*
　　　1　飲食物の提供の禁止 ……………………………………… *123*
　　　2　提供が許される飲食物 …………………………………… *124*
　CASEの検討・参照条文 ………………………………………… *125*
CASE⑯　選挙運動用自動車・船舶・拡声機の使用、連呼行為、
　　　　気勢を張る行為の禁止 ……………………………………… *127*
　[解説] ……………………………………………………………… *127*
　　　1　主として選挙運動のために使用する自動車・船舶 … *127*
　　　2　選挙運動用の拡声機 ……………………………………… *129*
　　　3　連呼行為 ……………………………………………………… *130*
　　　4　気勢を張る行為について ………………………………… *131*
　CASEの検討・参照条文 ………………………………………… *131*
CASE⑰　文書図画による選挙運動
　　　　（その1　文書図画の頒布） ……………………………… *133*
　[解説] ……………………………………………………………… *134*
　　　1　文書図画の意義 …………………………………………… *134*
　　　2　選挙運動のために頒布できる文書図画 ……………… *136*
　CASEの検討・参照条文 ………………………………………… *144*
CASE⑱　文書図画による選挙運動
　　　　（その2　文書図画の掲示、回覧行為の禁止とその例外） … *146*
　[解説] ……………………………………………………………… *146*

	1	選挙運動のために掲示できる文書図画	*146*
	2	文書図画の回覧行為の禁止	*152*
	CASEの検討・参照条文		*153*

CASE⑲　禁止を免れる行為（脱法文書） *154*
［解説］ *154*
 1 文書図画の頒布又は掲示につき禁止を免れる行為の禁止（脱法文書） *154*
 2 文書図画の撤去 *156*
 CASEの検討・参照条文 *157*

CASE⑳　新聞紙、雑誌の報道及び評論の自由 *159*
［解説］ *159*
 CASEの検討・参照条文 *162*

CASE㉑　個人演説会 *163*
［解説］ *163*
 1 個人演説会とは *163*
 2 個人演説会の開催者と演説者 *163*
 3 個人演説会に使用する施設 *165*
 4 個人演説会の周知方法 *165*
 5 個人演説会場における文書図画の使用 *166*
 6 個人演説会における芸能人の出演等 *167*
 CASEの検討・参照条文 *168*

CASE㉒　街頭演説・幕間演説 *170*
［解説］ *170*
 1 街頭演説とは *170*
 2 街頭演説の従事者についての制限 *170*
 3 街頭演説の時間の制限 *171*
 4 街頭演説の場所における選挙運動用文書図画の使用 *171*
 5 街頭演説の場所における拡声機の使用 *171*
 6 公共の建物における演説の禁止 *172*
 CASEの検討・参照条文 *172*

CASE㉓	選挙時における政治活動の規制（その１）	174
［解説］		174
1	政治活動と選挙期間中における規制の概要	174
2	政談演説会	177
3	街頭政談演説	179
4	政治活動用自動車及び拡声機の使用	179
5	ポスターの掲示	180
6	立札及び看板の類の掲示	181
CASEの検討・参照条文		182

CASE㉔	選挙時における政治活動の規制（その２）	184
［解説］		184
1	ビラの頒布	184
2	政党その他の政治団体の機関紙誌	185
CASEの検討・参照条文		187

CASE㉕	選挙期日後のあいさつ行為	189
［解説］		189
選挙期日後のあいさつ行為の制限		189
CASEの検討・参照条文		190

CASE㉖	買収罪（事前買収罪、事後買収罪、利益収受・要求・承諾罪、交付罪・受交付罪、周旋勧誘罪）	191
［解説］		192
1	事前買収罪	193
2	事後買収罪	195
3	利益収受・要求・承諾罪	196
4	交付罪・受交付罪	197
5	周旋勧誘罪	197
6	刑の過重	198
CASEの検討・参照条文		198

CASE㉗	買収（供応接待罪）	200
［解説］		200

　　　　供応接待罪……………………………………………………………… *200*
　　　CASEの検討・参照条文 ……………………………………………… *202*
CASE㉘　買収（利害誘導罪） *203*
　　［解説］…………………………………………………………………… *203*
　　　　利害誘導罪 ……………………………………………………………… *203*
　　　CASEの検討・参照条文 ……………………………………………… *207*
CASE㉙　買収（多数人買収、常習買収、候補者等に対する買
　　　　収、新聞紙、雑誌の不法利用罪） *208*
　　［解説］…………………………………………………………………… *209*
　　　1　多数人買収罪・多数人買収請負罪 ………………………………… *209*
　　　2　常習買収罪 …………………………………………………………… *210*
　　　3　候補者等に対する買収 ……………………………………………… *210*
　　　4　新聞紙、雑誌の不法利用罪 ………………………………………… *211*
　　　CASEの検討・参照条文 ……………………………………………… *212*
CASE㉚　選挙の自由妨害罪、投票干渉罪 *214*
　　［解説］…………………………………………………………………… *214*
　　　1　選挙の自由妨害罪 …………………………………………………… *214*
　　　2　投票干渉罪 …………………………………………………………… *217*
　　　CASEの検討・参照条文 ……………………………………………… *218*
CASE㉛　虚偽事項公表罪 *219*
　　［解説］…………………………………………………………………… *219*
　　　　虚偽事項の公表罪 ……………………………………………………… *219*
　　　CASEの検討・参照条文 ……………………………………………… *221*
CASE㉜　詐偽登録罪、詐偽投票罪 *223*
　　［解説］…………………………………………………………………… *223*
　　　1　詐偽登録罪 …………………………………………………………… *223*
　　　2　無資格投票罪、詐偽投票罪、投票偽造・増減罪 ……………… *224*
　　　CASEの検討・参照条文 ……………………………………………… *226*
CASE㉝　当選無効、連座制（その１）（総括主宰者・出納責任
　　　　者・地域主宰者、親族・秘書） *228*

［解説］ ………………………………………………………… *228*
　　　　1　当選人の選挙犯罪による当選無効 ……………………… *228*
　　　　2　連座制による当選無効（総括主宰者、出納責任者、地域
　　　　　　主宰者） ……………………………………………………… *229*
　　　　3　連座制による当選無効（親族・秘書） ………………… *231*
　　　　4　免責事由 ……………………………………………………… *232*
　　　CASEの検討・参照条文 …………………………………………… *233*
　CASE㉞　連座制（その2）（組織的選挙運動管理者等） …… *235*
　　　［解説］ ………………………………………………………… *236*
　　　　1　連座制による当選無効（組織的選挙運動管理者等） … *236*
　　　CASEの検討・参照条文 …………………………………………… *239*
　CASE㉟　選挙権・被選挙権の停止 …………………………………… *241*
　　　［解説］ ………………………………………………………… *241*
　　　　1　罰金刑に処せられた者 …………………………………… *241*
　　　　2　禁錮以上の刑に処せられた者 …………………………… *241*
　　　　3　その他 ……………………………………………………… *242*
　　　CASEの検討・参照条文 …………………………………………… *242*

主要参考文献 …………………………………………………………… *243*

参考資料
　［選挙公営の種類］ …………………………………………………… *244*

著者略歴 ………………………………………………………………… *245*

第1章　選挙基礎知識
～選挙制度の仕組みとあらまし～

1 選挙の種類

国会 ─┬─ 衆議院議員選挙（小選挙区選出議員300人・比例代表選出議員180人）（任期4年）
　　　└─ 参議院議員選挙（選挙区選出議員146人・比例代表選出議員96人）（任期6年、3年ごとに半数改選）

都道府県 ─┬─ 都道府県知事選挙（任期4年）
　　　　　└─ 都道府県議会議員選挙・海区漁業調整委員会委員選挙（任期4年）

市町村 ─┬─ 市町村長選挙（任期4年）
　　　　└─ 市町村議会議員選挙・農業委員会委員選挙（任期4年）

特別区（東京23区） ─┬─ 区長選挙（任期4年）
　　　　　　　　　　└─ 区議会議員選挙（任期4年）

※市の選挙に関する規定が適用される

○選挙期日（投票日）

選挙の種類	選挙事由（どんなとき）	選挙期日
衆議院議員選挙 参議院議員選挙	任期満了の場合	任期満了日前30日以内
	任期満了により選挙を行うべき期間が ・国会開会中の場合 ・国会閉会後23日以内の場合	国会閉会後24日以後30日以内
	解散の場合（衆議院議員のみ）	解散の日から40日以内

衆議院議員選挙 参議院議員選挙	欠員が生じた場合（小選挙区・選挙区選出議員）	原則として4月と10月の第4日曜日に統一
地方公共団体の議会の議員・長の選挙	任期満了の場合	任期満了日前30日以内
	解散の場合（議会議員のみ）	解散の日から40日以内
	欠員が生じた場合	欠員などの事由発生の日から50日以内

○選挙期日の公示（告示）日

衆議院議員選挙	選挙期日の12日前
参議院議員選挙	選挙期日の17日前
都道府県知事の選挙	選挙期日の17日前
都道府県の議会議員の選挙	選挙期日の 9日前
市の選挙	選挙期日の 7日前
町村の選挙	選挙期日の 5日前

※公示とは、衆議院議員総選挙及び参議院議員通常選挙の場合に天皇が国事行為としておこなう。告示とは、衆議院議員及び参議院議員の補欠選挙・再選挙ならびに地方公共団体の議会の議員及び長の選挙の場合に当該選挙事務を管理する選挙管理委員会が行う。

2 選挙権・被選挙権

1 選挙権

国や地方公共団体の公職の候補者を選ぶ権利

(1) 選挙権を持つために備えていなければならない条件（積極的要件）

①日本国民であること

②年齢満20年以上（※出生の日から起算し、20年目の誕生日の前日の終了をもって20年に達する。1986年12月25日出生→2006年12月24日の終了をもって20歳。ただし選挙における年齢算定の場合、<u>前日の終了を要しないこと</u>とされているため、12月24日投票日の選挙では投票できることとなる）

③地方公共団体の選挙（知事、都道府県議会議員、市町村長、市町村議会議員の選挙）では、①、②の条件に加えて、引き続きその地方公共団体の区域内に３ケ月以上住所を有していること
　(2)　選挙権を持つためにあてはまってはいけない条件（消極的要件）
　　　①成年被後見人。成年被後見人とは、精神上の障害により事理を弁識する能力を欠く常況にある者で、家庭裁判所によって後見開始の審判を受けた者をいう。
　　　②禁錮以上の刑に処せられその執行を終わるまでの者
　　　③禁錮以上の刑に処せられその執行を受けることがなくなるまでの者（刑の執行猶予中の者を除く。）
　　　④公職にある間に犯した収賄罪により刑に処せられ、実刑期間経過後５年間を経過しない者又は刑の執行猶予中の者
　　　⑤法律で定めるところにより行われる選挙、投票及び国民審査に関する犯罪により禁錮以上の刑に処せられその刑の執行猶予中の者
　　　⑥公職選挙法に定める選挙に関する犯罪により、選挙権、被選挙権が停止されている者
　　　⑦政治資金規正法に定める犯罪により、選挙権、被選挙権が停止されている者

２　被選挙権

選挙により議員や首長に選ばれることができる権利
　(1)　被選挙権を持つために備えていなければならない条件（積極的要件）
　　　①日本国民であること
　　　②一定の年齢以上（※）であること
　　　③地方公共団体（都道府県や市町村）の議会議員については①、②の条件に加えて、引き続きその地方公共団体内に３ヶ月以上居住していること

(2) 消極的要件については、選挙権の場合と同様

※年齢は、公職の種類によって次のとおり定められている

- ・衆議院議員　　　　　　　　　満25歳
- ・参議院議員　　　　　　　　　満30歳
- ・都道府県知事　　　　　　　　満30歳
- ・都道府県議会議員　　　　　　満25歳
- ・市町村長　　　　　　　　　　満25歳
- ・市町村議会議員　　　　　　　満25歳

※年齢は、選挙の期日（投票日）により算定する

3　立候補の届出

　立候補の届出方法には、候補者となろうとする者本人が自ら届け出る方法（本人届出）と選挙人名簿に登録された者が本人の承諾を得て届け出る方法（推薦届出）がある

○立候補届出期間

　公示（告示）日の午前8時30分から午後5時まで

○立候補届出に必要な書類（本人届出の場合）

- ・立候補届出書　　・所属党派証明書（無所属の場合不要）
- ・供託証明書（町村議会議員を除く）　・戸籍の謄本又は抄本
- ・宣誓書

※この他、選挙事務所設置届、出納責任者選任届及び報酬を支給する選挙運動員の届出書（いわゆる管理三種届）を提出しなければならない

※立候補の届出が終わると直ちに「選挙七つ道具」（選挙事務所標札（衆議院議員、参議院議員及び知事の選挙のみ）、個人演説会立札・看板の表示（衆議院小選挙区、参議院選挙区及び知事の選挙のみ）、街頭演説用標旗、街頭演説用腕章、乗車船用腕章、選挙運動用自動車船舶表示板、選挙運動用拡声機表示板）及び各種証明書類が選挙長から交付される

※各選挙の供託金額

選挙	供託の額	供託物没収点
衆議院小選挙区選出議員	300万円	有効投票総数×1／10
参議院選挙区選出議員	300万円	有効投票総数／その選挙区の議員定数×1／8
都道府県議会議員	60万円	有効投票総数／その選挙区の議員定数×1／10
都道府県知事	300万円	有効投票総数×1／10
指定市の市議会議員	50万円	有効投票総数／その選挙区の議員定数×1／10
指定市の市長	240万円	有効投票総数×1／10
その他の市の市議会議員、特別区の区議会議員	30万円	有効投票総数／その選挙区の議員定数×1／10
その他の市の市長、特別区の区長	100万円	有効投票総数×1／10
町村長	50万円	有効投票総数×1／10

衆議院と参議院の名簿届出政党等にも供託額・没収額の定めあり

〔衆議院小選挙区選出議員選挙の立候補届出方法〕

　政党が、所属する者を候補者として届け出る（政党届出）。候補者の届出を行った政党を候補者届出政党といい、候補者届出政党も選挙運動をすることができる。なお、無所属の者は本人届出又は推薦届出により立候補できる。

〔衆議院比例代表選出議員選挙の立候補届出方法〕

　政党又は当該選挙区における議員定数の２割以上の候補者を有する政治団体が、所属する候補者の氏名及び当選人となる順位を記載した名簿を届け出る（名簿で当選順位を決めておく拘束名簿式）。名簿を届け出た政党等を衆議院名簿届出政党等といい、名簿届出政党等も選挙運動をすることができる。

〔参議院議員選挙の立候補届出方法〕

・選挙区選出議員選挙においては、本人届出又は推薦届出により届け出る。

・比例代表選出議員選挙においては、政党又は当該選挙において候補者を10人以上有する政治団体が、所属する候補者の氏名を記載した名簿を届け出る（名簿では当選順位が決められていない非拘束名簿式）。名簿を届け出た政党等を参議院名簿届出政党等といい、名簿届出政党等及び名簿登載者も選挙運動をすることができる。
  ○立候補が制限される人
  ・被選挙権のない者　・他の選挙において候補者となった者
  ・選挙事務関係者　　・国・地方公共団体の公務員等（立候補届出の受理のあった日に失職）

3 選挙人名簿

選挙人の範囲を確定しておくために選挙人を登録する名簿
選挙権を行使するためには、選挙人名簿に登録されることが必要

(1) **被登録資格**

　市町村の区域内に住所を有する年齢満20歳以上の日本国民（選挙権を持つことのできない人を除く）で、その住民票が作成された日（他市町村からの転入者は、転入届をした日）から引き続き3ヶ月以上、その市町村の住民基本台帳に記録されていること

(2) **登録**

・毎年登録月（3月、6月、9月、12月）の2日に定期的に行われる（定時登録）ほか、選挙が行われる場合にも行われる（選挙時登録）。
・定時登録の場合、登録月の3日から7日までの間、選挙時登録の場合、その選挙を管理する選挙管理委員会が定める期間、縦覧される。
・いったん登録されると、抹消されない限り、永久に有効（永久選挙人名簿）。すべての選挙に共通して使われる。

(3) **登録の抹消**

①死亡又は日本国籍を喪失したとき

②他の市町村に転出したため表示された者が転出後4ケ月を経過したとき
③登録の際に、登録されるべき者でなかったとき
※選挙権を停止された人については、その旨の表示がされるが、選挙権を回復すれば、その表示は消除される

4 投票

(1) **投票区**
・投票を行う単位となる区域。各市町村選挙管理委員会が定める。
・1投票区につき、1投票所設置

(2) **投票時間**
原則として午前7時から午後8時まで(ただし、一定の範囲で繰り上げ・繰り下げ(閉鎖時刻は繰り上げだけ)ができる)

(3) **投票管理者と投票立会人**
○投票管理者
【選出方法】その選挙の選挙権を持つ人の中から市町村の選挙管理委員会が選任。
【職務内容】投票用紙の交付や投票拒否の決定など投票に関する事務の責任者
○投票立会人
【選出方法】その投票区の選挙人名簿に登録された人の中から市町村の選挙管理委員会が選任。
【職務内容】投票手続きの立会いや投票箱の開票所への送致の立会いを行う。人数は1投票所につき2人以上5人

(4) **投票のしかた**
①決められた投票所へ行き、入場券を提出
※多くの市町村では、有権者に対して、投票日前に、市町村選挙管理委員会から入場券が配られる。投票の際に持

参するが、忘れた場合も、本人であることが確認できれば投票できる。
　投票所へは、選挙人と一緒の小さな子どもや補助者・介護者なども投票管理者が認めれば立ち入ることができる。
②選挙人名簿に載っている本人であるかどうか確認を受ける

　　本人かどうか疑わしいとき→投票の拒否→仮投票も可

③投票用紙を受け取る

④投票用紙に候補者の名前又は政党等の名称を書いて投票箱に入れる

　※選挙による投票用紙への記載方法の違いに注意！

衆議院議員選挙		参議院議員選挙		地方公共団体の議員・長の選挙
小選挙区選挙	候補者1人の氏名	選挙区選挙	候補者1人の氏名	候補者1人の氏名
比例代表選挙	1の政党の名称又は略称	比例代表選挙	候補者名簿に登載された候補者1人の氏名又は1の政党の名称又は略称	

(5) 特別な投票方法
　○代理投票
　　身体の故障や字を知らないなどのため投票用紙に自書できない選挙人のための制度。投票管理者に申請して認められると、補助者2名が定められ、その一人が選挙人の指示に従って投票用紙に記入し、もう一人が、指示通りかどうか確認する。
　○点字投票
　　目の不自由な人が、投票用紙に点字を打って投票できる制度。投票所には点字投票用の投票用紙があり、簡単な点字器も用意してある。
　○郵便等による不在者投票

- 身体に重い障害があって投票に行けない人が、郵送で投票できる制度
- 身体障害者手帳や戦傷病者手帳が交付されている人のうち一定以上の障害がある人に限られる（介護保険の被保険者証に要介護5として記載されている人も郵便投票ができる。また、手や目に投票の記載をすることができない程度の重い障害がある人については、あらかじめ市町村選管に届け出た人に代理記載をしてもらえる）

5 期日前投票と不在者投票

1　選挙期日（投票日）に投票所において投票するという原則（投票日当日投票主義）の例外として、選挙期日前であっても、選挙人名簿登録地の市町村選挙管理委員会において選挙期日と同様に投票を行うことができる。これを期日前投票という。

(1)　期日前投票をすることができる者

　期日前投票をすることができる者は、選挙人で選挙期日に仕事や用務があるなど、一定の事由（従来の不在者投票事由）に該当すると見込まれるもの。

　期日前投票の当日に選挙権を有しない者は投票をすることができない。なお、期日前投票を行った後、他市町村への移転、死亡等の事由により選挙の期日までの間に選挙権を有しなくなったとしても、当該投票は有効な投票として取り扱われる。

≪期日前投票の事由≫ ※かつての選挙人名簿登録市町村における不在者投票と同様である。

ア　選挙人が職務若しくは業務又は総務省令で定める用務に従事すること。

〈この場合、その従事する場所を問わず、期日前投票をすることができる。

　また、「総務省令で定める用務」とは、冠婚葬祭の主宰者などがその冠婚葬祭で果たすべき役割を行う場合の用務を意味す

る。〉
　イ　選挙人が用務（アの総務省令で定めるものを除く。）又は事故のためその属する投票区の区域外に旅行又は滞在をすること。〈「用務」とは、公私を問わず一切の用務をいうものであり、たとえば、レジャーや買物などで自分の属する投票区の区域外に出るような場合にも期日前投票をすることができる。〉
　ウ　選挙人が疾病、負傷、妊娠、老衰若しくは身体の障害のため若しくは産じょくにあるため歩行が困難であること又は監獄、少年院若しくは婦人補導院に収容されていること。
　エ　選挙人が交通至難の島その他の地で総務省令で定める地域に居住していること又は当該地域に滞在をすること。
　オ　選挙人がその属する投票区のある市町村の区域外の住所に居住していること。

(2) **期日前投票をすることができる期間及び投票時間**

　選挙期日の公示日又は告示日の翌日から選挙期日の前日までの間（2以上の期日前投票所を設ける場合にあっては、一の期日前投票所を除き、市町村選挙管理委員会の指定した期間）

　投票時間は、原則として午前8時30分から午後8時まで（2以上の期日前投票所を設ける場合にあっては、市町村選挙管理委員会は一の期日前投票所を除き、期日前投票所を開く時刻を繰り下げ、又は閉じる時刻を繰り上げることができる）

(3) **期日前投票の投票場所**

　各市町村に一箇所以上設けられる期日前投票所

(4) **期日前投票の手続**

　ア　選挙人は、期日前投票をしようとする場合においては、上記(1)のア〜オのいずれかの期日前投票事由に該当し、選挙の当日投票所に行って投票することができない旨の宣誓書を提出しなければならない。
　イ　選挙人は選挙人名簿との対照の後、投票用紙を受け取り、投票用紙への記載を行った後、投票箱へ入れる。

（基本的な手続きは選挙期日の投票所における投票と同じ。）

2　不在者投票

●旅行、出張等で選挙人名簿登録地以外の市町村に滞在している場合、選挙人名簿登録地の市町村から投票用紙等を取り寄せて滞在地の市町村選挙管理委員会に出向いて、そこで不在者投票ができる。

①宣誓書に記入する
②投票用紙へ記入する
③内封筒へ入れて封をし、さらにそれを外封筒に入れて封をする
④外封筒の所定の箇所に署名する
⑤選挙管理委員会に提出する

●病院に入院している人や老人ホーム等の施設に入所している人は、都道府県選挙管理委員会が指定している病院や施設であれば、そこで不在者投票ができる。

・平成12年6月の衆議院議員総選挙から海外に住んでいる日本人が投票することができる在外投票がスタートした。

※仕事や留学などの事情で海外に住んでいる人が、外国にいながら国政選挙に投票できる投票制度を「在外投票」という。在外投票ができるのは日本国籍を持つ20歳以上の有権者で、在外選挙人名簿に登録され在外選挙人証を持っている人である。在外選挙人名簿への登録には、現在の住まいを管轄する在外公館（大使館・領事館）の管轄区域内に引き続き3ヶ月以上住所を有していることが必要である。登録の申請は在外公館の領事窓口で行う。投票は在外公館で行う「在外公館投票」、在外公館がないなどの理由で居住地が指定地域になっている人が行う「郵便等投票」、選挙の際に一時帰国した人や、帰国後間もないため国内の選挙人名簿にまだ登録されていない人が行う「帰国投票」がある。在外投票の対象は衆議院比例代表選挙及び参議院比例代表選挙に限られていたが、平成18年の公選法改正に

より、衆議院小選挙区選出議員選挙及び参議院選挙区選出議員選挙も対象となった。

6 開票

・開票は、原則として各市町村ごとに1ケ所設けられる開票所で行われる
・開票所の場所は市町村の選挙管理委員会が決め、告示する。市役所や町村役場のほか、体育館や公会堂などを使用することが多い。
・開票の開始日時も市町村の選挙管理委員会が定めて告示する。（投票日の投票終了後に始めるのが「即日開票」で、翌日に始めるのが「翌日開票」）
・その選挙の有権者は開票を参観できる。ただし、開票管理者は、参観者の数や行為について必要な制限をすることができる。

1 開票の方法
　○開票管理者
　　【選出方法】その選挙の選挙権を持つ有権者の中から市町村の選挙管理委員会が選任。
　　【職務内容】仮投票の受理不受理の決定、投票の点検、投票の効力の決定、開票結果の報告、開票録の作成、開票所の取り締まりなど。
　○開票立会人
　　【選出方法】その選挙の候補者や名簿届出政党等が各開票区の選挙人名簿の中から本人の承諾を得て1人を定め、市町村の選挙管理委員会に届け出る。届出が10人を超えたときはくじで10人にする。
　　【職務内容】開票手続きの立ち会い、開票管理者が行う投票の効力の決定に際しての意見陳述など。
　○開票の手続き
　　投票が終了し投票所が閉鎖されると、各投票区の投票管理者か

ら投票箱、その鍵・記録などが開票管理者に届けられる。開票管理者は、開票所でこれらが間違いなく送致されたかを点検した後に受領し、開票開始時刻まで保管、以下の手順で開票が開始される。

①開票開始の宣言

開票開始時刻になると開票管理者は、開票立会人が3人以上参会していることと、すべての投票箱を受領していることを確認し、開票の開始を宣言して、投票箱を開く。

②投票の受理・不受理の調査

仮投票、不受理または拒否の決定を受けた不在者投票を調査し、その投票の受理不受理を決定する。

受理と決定した仮投票等は封筒から取り出し、一般投票と混ぜ合わせる。

③投票の点検

各投票箱の投票を一緒に混ぜ合わせた上で、それぞれの投票の効力（有効・無効）を決定し、各候補者（または政党等）別に得票を計算する。

ここでは、正確を期すために、開票事務に従事する者二人にそれぞれ同じ候補者等の得票数を計算させる。

④得票数の確認、開票録の作成等

投票の点検が終わると、開票管理者は①各候補者（または政党等）の得票数を確認し、②開票録を作り、③開票結果を選挙長に報告し、④投票を梱包して、開票立会人とともに封印して市町村の選挙管理委員会に送付する。

2　無効投票

次のような投票は「無効」とされる。

・所定の投票用紙を使用していないもの。投票用紙を取り違えたもの。

・立候補していない者、立候補を禁止されている者、被選挙権のない候補者、資格のない政党等が届け出た候補者など、適格な

候補者でない者の氏名を書いた投票。
・2名以上の候補者の氏名を書いた投票。
・候補者の氏名のほか、他事を記載した投票（候補者の職業、身分、住所、敬称の類は、ここでの他事には当たらない）。
・自書していない投票（代理投票は自書ではないが有効）。
・どの候補者の氏名を書いたのか確認できない投票。
・単なる雑事、記号等を記載した投票。
・白紙、つまり記載がない投票

7 当選人の決定

①当選人の決定

　開票が終わると、選挙長は、選挙立会人の参加を得て選挙会を開き、各開票管理者からの報告を点検して、各候補者・政党等の得票を計算し、これによって当選人が決まる。選挙長は結果を、その選挙を管理する選挙管理委員会（衆議院・参議院の比例代表選挙では中央選挙管理会）に報告し、委員会は当選人に当選の旨を「告知」するとともに、当選人を「告示」し、当選証書を交付する。

②比例代表選挙以外の選挙での当選人の決定

　得票の多い順に当選人になる。ただし「法定得票数」以上の得票がなければならない。得票が同数の場合は、選挙会で選挙長がくじで順番を定める。

　法定得票数とは、有効投票の総数をその選挙でその選挙区から出すべき当選人の数で割って得た数の、さらに6分の1（地方自治体の選挙では4分の1）である。

③衆議院比例代表選挙の当選人の決定

(1) 選挙区ごとに各政党等の得票数に比例して、その当選人が決まる。

(2) 政党等が届け出た候補者名簿に記載された各候補者の「当選人となるべき順位」の順に当選人が決まる。

(3) 上記の順位を同順位と定められている候補者の間の順位は

「惜敗率」の高い順による。
※惜敗率＝小選挙区選挙での、最高得票者の得票に対するその候補者の得票の割合

④参議院比例代表選挙の当選人の決定
(1) 各政党等の総得票数に比例して政党等ごとの当選人の数が決まる。
(2) その政党等の候補者の内から、<u>候補者の得票の多い順に当選人が決まる。</u>得票が同じ者の間の順位を決める必要があるときは、選挙長が選挙会でくじを行う。

　衆議院・参議院の比例代表選挙で各政党等への当選人の配分は、次のドント式と言われる方式で決められる。

名簿届出政党等名		A党	B党	C党
名簿登載者数		4人	3人	2人
得票数		1,000票	700票	300票
除数	1	① 1,000	② 700	⑥ 300
	2	③ 500	④ 350	150
	3	⑤ 333と1／3	233と1／3	
	4	50		
当選人数		3人	2人	1人

【A党、B党、C党が候補者名簿を提出し、それぞれ4人、3人、2人の候補者が名簿登載。選挙すべき議員の数は6人とする。】
(1) まず各政党の得票数を1、2、3、……と、名簿登載者数までの整数で割っていく。
(2) 得られた商（割った答え）が表のように出てくる。その大きい数値から順に数えて選挙すべき議員の数（この場合は6）までを選ぶ。この選ばれた商がいくつあるかがその政党に配分される当選人の数になる。

8 選挙運動

1 選挙運動とは
①特定の選挙において、②特定の候補者の、③当選を目的として、④選挙人に投票を依頼する行為

2 選挙運動の期間
立候補届が受理された時から、投票日前日まで。この期間中も、選挙カーなどでの連呼行為や街頭演説は午前8時から午後8時までの間に行うこととされている。届出が受理される前の選挙運動は事前運動といわれ、禁止されている。また、投票日当日の選挙運動も禁止されている。

○立候補届出前でもできること
・立候補の準備
（政党の公認を求める行為、立候補の瀬踏行為など）
・選挙運動の準備
（選挙事務所等の借入れ内交渉、立札や看板、ポスター等の制作など）
・後援会活動や議会報告会などの政治活動

×立候補届出前はできないこと
投票の依頼。投票の依頼と認められる行為。

○投票日でもできる選挙運動
選挙ポスターなどを前日のまま貼っておくこと。

3 選挙運動ができない人
・選挙事務関係者（投票管理者、開票管理者、選挙長など）
・裁判官、検察官、警察官や収税官吏など特定公務員
・選挙犯罪により選挙権・被選挙権を停止されている人
・未成年者
・国家公務員、地方公務員（自分の所属する区域外では可）

4 選挙運動の方法
公示（告示）日から投票日の前日までの間、次のような選挙運動

が行える。(選挙運動の種類によって行える選挙運動が異なる。)
- 選挙事務所の設置
- ビラの頒布
- 選挙運動用通常葉書の差し出し
- ポスターの掲示
- 自動車による連呼行為
- 街頭演説
- 個人演説会
- 新聞広告
- 政見放送

次のような行為は禁止されている。
- 気勢を張る行為
- 戸別訪問
- 限度を越えた飲食物(料理、弁当、酒、缶ジュースなど加工しなくてもそのまま飲食できるもの)の提供(湯茶、日常用いられている程度の菓子や選挙運動員らへの限られた数と単価の弁当の提供は可)

○選挙違反とその罰則

選挙違反は、「犯罪」として処罰の対象となっている。
候補者や選挙事務所関係者だけでなく、有権者にも適用される。

●選挙違反の主なケース
- 買収罪

  金銭、物品、供応接待などによる票の獲得や誘導。金銭などを実際に渡さなくても、約束するだけでも違反となる。また買収に応じたり促したりした場合も処罰される。金銭や品物を受け取った有権者も処罰される。

- 利害誘導罪

  特定のあるいは限られた範囲の有権者や選挙運動者に対し、その者またはその者と関係のある団体(寺社、会社、学

校、組合、市町村等）に対する寄附などの特殊の直接利害関係を利用して投票を誘導した場合に成立する。また利害誘導に応じたり促した場合も処罰される。

・選挙妨害罪

　有権者や候補者などへの暴行や威迫、集会や演説の妨害、文書図画の毀棄、候補者の職業や経歴などに関する虚偽事項の公表なども処罰される。

・投票に関する罪

　詐欺の方法で選挙人名簿に登録させること、投票所での本人確認の際に虚偽の宣言をすること、有権者でないのに投票すること、投票を偽造しまたは増減すること、投票所または開票所などで正当な理由なく投票に干渉したり投票内容を知ろうとすることなども処罰される。

　その他、選挙運動に関する制限など、選挙にはたくさんのルールがあるが、その多くには罰則がついていて、違反すると処罰されることになる。この点については本書第二章で各類型ごとに説明する。

9 寄附の禁止に関する3ない運動

　政治家が選挙区内の人に寄附をすることは罰則をもって禁止されている。また、一般の人が政治家に寄附を求めたり勧誘したりすることも同様に禁止されている。
具体的には、次のようなことが禁止されている。

・病気見舞い

・お祭りへの寄附や差入

・地域の運動会やスポーツ大会への飲食物

・秘書等が代理で出席する場合の結婚祝（政治家本人が出席する場合は罰則なし）

・秘書等が代理で出席する場合の葬式の香典（政治家本人が出席

する場合は罰則なし）
・葬式の花輪・供花
・落成式、開店祝いの花輪
・町内会の集会や旅行などの催し物への寸志や飲食物の差入
・入学祝・卒業祝
・お中元やお歳暮

　「贈らない」「求めない」「受け取らない」寄附の禁止についてこの３つのことがらを進める運動を「３ない運動」という。

第2章　ケースで考える
選挙違反と罰則

> **CASE**
>
> ## ① 事前運動、法定外文書頒布
>
> ①　任期満了に伴う市長選挙に立候補を予定しているAは、選挙期日及び告示日が市選挙管理委員会において決定された直後、開設している政治活動用のホームページに自らの氏名・経歴・顔写真を大書するとともに次のような内容の文書を掲載した。
>
> 「福祉切捨て、市民無視の政治はもうごめんです。生活優先の市政実現のため私は市長選挙への立候補を決意いたしました。皆様方のご支援の程よろしくお願いいたします。
>
> 　後援会設立総会を次のとおり開催しますので多数お誘い合わせのうえ御参加ください。日時：○月○日　場所：甲乙会館大会議室」
>
> ②　某政党の職員Bは、参議院議員通常選挙の公示直前、「比例代表は○○党、○○党公認B山乙朗」と記載されたビラを通行人に配布するとともに、「比例代表は○○党」と記載されたポスターをビルの外壁に掲示した

【解説】

1 選挙運動について

(1)　選挙運動とは

選挙運動は、立候補の届出のあった日から選挙の期日（＝投票日）の**前日**まででなければすることができないこととされている（公職選挙法129条。以下「公選法」と表記）。立候補届出までは一切の選挙運動が禁止されるため、買収、戸別訪問や法定外文書頒布といった違法なものはもちろん、個々面接（商店、病院等において店員、医師等が来客者に投票を依頼したり、街頭で行き会った人やバス、電車、デパート等の中でたまたま出会った知人等に投票を依頼する行為）、電話による選挙運動のように選挙期間中には合法的に行えるものも行うことはできない。また、選挙の期日当日の選挙運動はできないため、「○○選挙事務所ですが投票はお済みでしょうか？　お済みでなければ○○をよろしく」と選挙人宅に電話をかける行為も、やはり「事前運動」として違法となる。

　公職選挙法では、何が選挙運動に当たるかということについて、明確な規定を設けていない。しかし、判例においては「選挙運動」についてほぼ一貫した解釈が取られており、政治活動のうち「その選挙につきその人に当選を得しめるため投票を得若しくは得しめる目的をもって、直接または間接に必要かつ有利な周旋、勧誘若しくは誘導その諸般の行為をなすこと」（最決昭和38.10.22）がこれに当たることとされている。

つまり、
　①特定の選挙において
　②特定の候補者のために
　③当選を得もしくは得させる目的
　④投票獲得に直接又は間接に必要かつ有利な行為
の４つの要素がそろえば選挙運動に該当することとなる。

①選挙の特定
　選挙の告示（なお、衆議院議員総選挙や参議院議員通常選挙の場合は、公示という）がなされて選挙期日が確定する前であっても、特定の選挙の執行が予測され、あるいは確定的となった場合（最判昭63.2.23）、つまり社会通念上、何の選挙であるかが一般に認識

されうる程度になっておれば選挙の特定といえる。

②候補者の特定

　正式に立候補の届出をした者のみではなく、これから「立候補をしようとする者」も含まれる。立候補の決意が未確定であっても、また後日立候補を断念したとしてもこれに当てはまる。また特定の1人である必要はなく、候補者が複数の場合も特定の候補者といえる。これに対し、政党の党勢拡張運動は、特定の候補者のためにするものではないから選挙運動には当たらない。

③当選を得もしくは得させる目的

　候補者が自己の当選を目的とし、あるいは候補者以外の者が特定の候補者を当選させることを目的とする行為であること。したがって、特定の候補者の当選を妨害する目的で行う「落選運動」のような行為は選挙運動とはいえないが、当該候補者の当選を妨害することによって間接的に他の候補者の当選を図る目的があれば、選挙運動に当たる場合もある。

④投票獲得に直接又は間接に必要かつ有利な行為

　投票を獲得するため選挙人に対して働きかけを行う行為である。このような趣旨で行われる行為であれば、投票依頼が明示されなくても、暗黙のうちに依頼の趣旨を含むものも含まれる。たとえば特定人の氏名、経歴や顔写真を大書したリーフレットの配布など選挙人に対して氏名の普及宣伝を図るための行為も選挙運動になりうる。

(2)　選挙運動と関連する行為

　選挙に関連する活動のうち、選挙運動と区別される代表的なものとしては、立候補準備行為、後援会活動がある。

　まず、立候補準備行為とは、立候補予定者の内部での活動であり、たとえば、ア　政党の公認を求める行為、イ　立候補の可否・選挙情勢などを少数特定の者に問い合わせるいわゆる瀬踏み行為、ウ　白紙の状態から候補者を選ぶための選考会・推薦会（選考・推薦の名目であっても多数の有権者に決定を諮り、支援を求める場合

は選挙運動にあたると認められる)、エ　選挙事務所・演説会場・自動車の借り入れの内交渉、ポスター等の作成、選挙公報等の文案の作成、選挙運動者・労務者たることの内交渉、選挙費用の調達などが挙げられる。ただし、これらの行為に名を借りて、特定の候補者のために一般選挙人への働きかけを目的として行われるものについては、選挙運動に該当する場合もあるから注意が必要である。

　次に、後援会活動と選挙運動との区別については、それが被後援者の人格敬慕あるいは政治的勢力の擁護という本来の目的に止まるときは選挙運動には該当しないが、それが特定の選挙につき、特定の候補者に対する投票依頼の趣旨で後援会の設立、会員勧誘行為がなされる場合には選挙運動にあたることもある。つまり、後援会設立の時期、会員募集・勧誘を呼びかける範囲・人数・方法、後援会結成後の活動状況、会費徴収の有無、会員の認識の状況などを総合的に勘案して、それが通常の後援会活動として行われたものか、投票依頼の趣旨で行われたものかが判断されることとなる。したがって、選挙が行われることを誰もが認識している直前の時期に多数の選挙人への後援会設立のよびかけ、入会勧誘を行うような行為は選挙運動にあたる場合が多いといえよう。また、後援会加入勧誘のリーフレット、後援会入会申込書等の文書については、当該文書に投票依頼の文言が記載されている場合はもちろん、そのような文言の記載はなくとも、後援会結成に関する準備行為がまったくない場合、後援会事務所の住所、連絡先の記載がない場合、後援会会員以外の者に対して郵送又は街頭配布する場合等においては、選挙運動と認定されるおそれがある。あくまでこれらの文書は入会を検討するための「部内資料」ないし「討議資料」という位置づけでなければならない。

2 選挙運動のために使用する文書図画について

　選挙運動のために頒布する文書図画（ぶんしょとが）について

は、使用できる種類や枚数が各種選挙ごとに公職選挙法で定められており、同法で認められた手段以外のものは一切選挙運動のために用いることはできないこととなっている。

(1) **選挙運動のために使用する文書図画とは**

公職選挙法では、文書、符号又は象形を用いて物体の上に多少永続的に記載された意識の表示を「文書図画」としている。つまり、紙に記載されたものだけではなく、映画・スライドや彫刻、ネオンサイン、たすきなどおよそ人の視覚に訴えるものはすべてこれに該当し、パソコンのディスプレイに表示された画面についても文書図画としての規制を受けることとなる（詳細については本書§17）。前述のように選挙運動とは、「特定の選挙において、特定の候補者に当選を得若しくは得しめる目的で行う直接間接に必要かつ有利な行為」をいうから、文書の外形・内容から見てこの目的に使用されると推知されるもの（最判昭44.3.18）であれば、選挙運動の目的が付随的なものであっても公職選挙法142条にいう「選挙運動のために使用する文書」ということになる。

また、文書の「頒布」とは、不特定多数の人に配布することをいい、インターネットのホームページを開設すること自体が「頒布」に当たることとなる。

(2) **インターネットと選挙運動**

現在のところ公職選挙法では、インターネットを選挙運動に用いることはできないこととされている。インターネットが普及した現在、その解禁について政府部内において検討された経緯もあるが、未だ立法化にはいたっていない（2007年4月現在）。

一方、選挙運動にわたらない純粋の政治活動のためにインターネットを使用することは差支えない。近年、多くの政治家や政党が政治活動のためのホームページを開設している。公示又は告示前に候補者の政治信条、政策等を記載したいわゆるマニフェストを掲載することも可能であるが、特定の選挙名を入れると事前運動のおそれがでてくるため、あくまで、通常の政治活動としてのものでなけれ

ばならない。

　選挙運動期間前に開設した選挙運動にわたらない純粋な政治活動のためのホームページが選挙運動期間に入った場合については、そのホームページをそのままにしておくことは違法ではない。しかし、選挙期間中にホームページを新たに開設したり書き換えをしたりすることについては、選挙期間中は候補者の氏名・シンボルマーク、政党や後援会の名称を記載した文書の頒布は脱法文書（法146条）としての規制を受けることとなるし、政党や後援会の開設するホームページに候補者の氏名や氏名類推事項を記載することも違法となる（法201条の13）ので、行うべきではない。

【CASEの検討】

ケース①について

　Aがホームページに記載した文書内容が選挙運動にあたるかどうか、それが選挙運動にあたるとした場合にホームページへの記載をどう考えるかということである。

　現市政への批判、自己の政見等を公表すること自体は選挙運動ではなく、もとより制限されるものではない。しかし、Aのホームページには、それらに加え、氏名・経歴・顔写真が大書され、「市長選挙への立候補」、「皆様方のご支援の程よろしくお願いいたします」との文言があることからも、全体として選挙運動のために使用する文書に該当するといえる。一般に「○○選挙」、「選挙戦」、「○○党公認（推薦）」、「○○候補」、「立候補」、「御支援」、「○○を国政へ」といった文言の使用は差し控えるべきである。

　また、後援会設立総会への案内についても、市長選挙が行われることを誰もが認識しうる時期に不特定多数の有権者に呼びかけてそれを行うことについては、一体として選挙運動性を帯びると評価されることとなるであろう。なお、指定都市以外の市長選挙の場合、頒布できる文書図画は候補者1人について、選挙運動用

通常葉書8,000枚以外の文書を使用することは認められなかったが、2007年3月の公職選挙法改正に伴い、同年4月の統一地方選挙から知事や市町村長の選挙において一定数のビラの配布が認められることとなり、これをいわゆるマニフェスト（選挙公約）として利用することができる（この詳細については、本書§17参照。議員の選挙においては、従来同様、通常葉書のみしか認められない）。

以上、Aの行為は、事前運動（法129条、239条①Ⅰ。1年以下の禁錮又は30万円以下の罰金）及び文書図画の頒布の制限違反（法142条、243条①Ⅲ。2年以下の禁錮又は50万円以下の罰金）にあたる。

ケース②について

選挙制度の改正等に伴い、近年の参議院議員や衆議院議員の選挙運動については、政党が中心となって執り行う政党選挙の要素が強い。「比例代表」という文言は比例代表選出議員選挙を指すことは明白であり、「比例代表は○○党、○○党公認B山乙朗」と記載されたビラの頒布、「比例代表は○○党」と記載されたポスターの掲示ともに特定の政党ないし所属候補者への投票依頼を目的とした選挙運動にあたると考えられる。

以上、Bの行為は事前運動（法129条、239条①Ⅰ。1年以下の禁錮又は30万円以下の罰金）文書図画の頒布の制限違反（法142条、243条①Ⅲ。2年以下の禁錮又は50万円以下の罰金）及び文書図画の掲示の制限違反（法143条、243条①Ⅳ。2年以下の禁錮又は50万円以下の罰金）にあたる。

【参照条文】

公職選挙法第129条、第142条、第143条、第239条、第243条

[参照H・Pアドレス] http://law.e-gov.go.jp（総務省法令データ提供システム）より公職選挙法又は公職選挙法施行令を参照して下さい。

CASE
② 政治団体の設立、収支報告書の提出

① 翌年4月に任期満了を迎える市議会議員選挙に初めて立候補を考えている甲は支援者の友人たちと前年の2月に後援会を設立して活動を始めたが、設立総会から1週間以上経っても、県選挙管理委員会に対する設立届の提出を行わないままにしていた。この間、甲は後援会に対して届けられたカンパを受領し、事務所看板等の作成費に充てた。

② 翌年の政治団体の収支報告書提出の時期になり、甲後援会の会計責任者乙は、友人の丙から計10万円の寄附を受け取っていたが、丙に「自分の名前が表に出るのは取引先との関係上まずいから伏せておいてくれ」と懇願されたため、収支報告書の所定の欄に記載しないまま県選挙管理委員会に提出した。

【解説】

1 政治団体

(1) 政治団体の設立届

　政治団体はその組織の日から7日以内に、文書で設立の届出（政治資金規正法6条①。以下「規正法」と表記）をしない限り、政治活動のためにいかなる名義をもってするを問わず、寄附を受け、又は支出をすることができない（規正法8条）。政治団体がこの規定に違反して寄附を受け又は支出をしたときは、当該政治団体の役職員又は構成員として当該違反行為をした者には罰則（5年以下の禁錮又は100万円以下の罰金。情状により併科）の適用がある（規正法23条、27条）。

　次に、政治資金規正法上の「寄附」とは、金銭、物品その他の財

産上の利益の供与又は交付で、党費又は会費その他債務の履行としてされるもの以外のものをいう（規正法4条③）。金銭、物品その他の財産上の利益の供与又は交付の「約束」が含まれない点で公職選挙法上の寄附（本書§6参照）と異なっている。これは政治資金規正法が政治団体において現実に金銭等のやりとりのあったものについて正確に把握し収支報告を行う義務を会計責任者に課すことを主旨としていることによるものである。政治資金規正法で規制されるのは、「政治活動に関する寄附」であり、ア 政治団体に対してされる寄附とイ 公職の候補者の政治活動（選挙運動を含む）に関してされる寄附とに分けられる。したがって、政治団体に対する寄附は、その名目のいかんを問わず政治活動に関する寄附となる（規正法4条④）。

政治団体設立届については、郵便等によることなく文書で、当該政治団体の目的、名称、主たる事務所の所在地及び主としてその活動を行う区域、当該政治団体の代表者、会計責任者及び会計責任者に事故があり又は会計責任者が欠けた場合にその職務を行うべき者それぞれ1人の氏名、住所、生年月日及び選任年月日、当該政治団体が政党又は政治資金団体であるときはその旨その他政令で定める事項を、次の区分に応じ所定の都道府県選挙管理委員会又は総務大臣に届け出なければならないこととなっている。あわせて政治団体は、届出をする場合には、当該団体の党則、規約を提出しなければならない。

①都道府県の区域において主としてその活動を行う政治団体
　主たる事務所の所在地の都道府県の選挙管理委員会
②2以上の都道府県の区域にわたり、又は主たる事務所の所在地の都道府県の区域外の地域において、主としてその活動を行う政治団体
　主たる事務所の所在地の都道府県の選挙管理委員会を経て総務大臣
③政党及び政治資金団体

主たる事務所の所在地の都道府県の選挙管理委員会を経て総務大臣

(2) 政治団体の種類

政治資金規正法上、「政治団体」とは、次に掲げる団体をいう（規正法3条①）。

① 政治上の主義若しくは施策を推進し、支持し、又はこれに反対することを本来の目的とする団体
② 特定の公職の候補者を推薦し、支持し、又はこれに反対することを本来の目的とする団体
③ ①、②のほか、次に掲げる活動をその主たる活動として組織的かつ継続的に行う団体
　イ　政治上の主義若しくは施策を推進し、支持し、又はこれに反対すること。
　ロ　特定の公職の候補者を推薦し、支持し、又はこれに反対すること。

政治団体は、次のように分類できる。

○政党（規正法3条②）
　次のいずれかにあてはまる政治団体
　・所属国会議員を5人以上有するもの
　・前回の衆議院議員総選挙、前回又は前々回の参議院議員通常選挙のいずれかにおいて全国を通じた得票率が2％以上であるもの

○政治資金団体
　政党のために資金を援助することを目的とする団体で、政党が指定したもの

○その他の政治団体
　政党・政治資金団体以外の政治団体（後援会等）

(3) 公職の候補者（規正法3条④）

政治資金規正法において公職の候補者とは、公職にある者、公職の候補者及び候補者となろうとする者をいう（一般にいう政治家で

ある）。なお、公職の候補者は、その者が代表である政治団体のうちから、一の政治団体をその者のために政治資金の拠出を受けるべき政治団体として指定することができる。この指定を受けた団体を資金管理団体（規正法19条）という。

2 政治資金の収支の公開等

(1) 会計帳簿の備付けと収支報告

　政治団体の会計責任者は、会計帳簿（様式は総務省令で定める）を備え、これに当該政治団体のすべての収入及び支出を記載しなければならない（規正法9条①）。そして、毎年12月31日現在で、当該政治団体のその年におけるすべての収入、支出及び資産等の状況について報告書を作成し、翌年の3月末までに総務大臣又は都道府県選挙管理委員会に提出しなければならない（規正法12条①）。この収支報告書を期限内に提出しなかった場合又は収支報告書に記載すべき事項の不記載あるいは虚偽記載があった場合、当該政治団体の会計責任者には罰則の適用がある（規正法25条①）。収支報告書への虚偽記載や不記載については、近年特に厳しい目が向けられるようになっているため、絶対にあってはならないものと考えなければならない。

〔主要記載事項〕
　○寄附
　　　同一の者からの寄附で合計額が年間5万円を超えるものについて、寄附者の氏名、住所及び職業（団体の場合には、名称、主たる事務所の所在地及び代表者の氏名）、寄附金額（金銭以外の財産上の利益については、同時に時価に見積もった金額）及び年月日を収支報告書に記載
　○支出
　　　一件当たり5万円以上のものについて、支出を受けた者の氏名等を収支報告書に記載。なお、一件5万円以上の支出については領収書等を徴し、その写しを報告書に添付する必要があ

る。

○政治資金パーティー

一のパーティーにつき同一の者からの対価の支払いの合計額が20万円を超えるものは、収支報告書に対価の支払者の氏名等を記載しなければならない。

(2) 収支報告書の公表及び閲覧

政治団体の収支報告書の要旨は官報又は都道府県の公報により公表され（規正法20条①～③）、総務省又は都道府県選挙管理委員会において、政治団体の収支報告書は公表の日から3年間閲覧に供される（規正法20条の2①②）。なお、政治団体の会計責任者は、収支報告書の要旨が総務大臣又は選挙管理委員会から公表された日から3年を経過する日まで会計帳簿を保存しておかなければならない。

(3) 収支報告書を提出しない場合の措置

収支報告書を期限内に提出しなかった政治団体の会計責任者には罰則（5年以下の禁錮又は100万円以下の罰金。情状により併科）の適用がある（規正法25条、27条）。さらに、政治団体が2年にわたって収支報告書を提出しない場合、政治資金規正法第8条の規定の適用については、設立届出をしていないものとみなされることとなる（規正法17条②）。したがって当該団体は、寄附の受領や支出ができなくなるため、実質的に政治団体としての活動ができなくなる。

【CASEの検討】

①について

政治団体はその組織の日から7日以内に、文書で設立の届出（規正法6条①）をしない限り、政治活動のためにいかなる名義をもってするを問わず、寄附を受け、又は支出をすることができない（規正法8条）。ケースの場合、後援会設立から1週間以上経っても、県選挙管理委員会に対する設立届の提出を行わないま

までカンパ、つまり寄附を受領し、かつ看板等の作成費として支出を行っていることから、当該政治団体の役職員又は構成員として当該違反行為をした者には罰則（5年以下の禁錮又は100万円以下の罰金。情状により併科）の適用がある（規正法23条、27条）。

②について

　後援会は2月に設立されていることから、当月分から12月末までの収入、支出その他の事項を記載した収支報告書を、翌年3月末までに県選挙管理委員会に提出しなければならない。その場合、寄附については、同一の者からの寄附で合計額が年間5万円を超えるものについては、寄附者の氏名、住所及び職業、寄附金額及び寄附の年月日を収支報告書の所定の様式に記載しなければならないにもかかわらず、会計責任者は記載すべき事項の記載をしていないことから罰則（5年以下の禁錮又は100万円以下の罰金。情状により併科）の適用がある（規正法25条、27条）

【参照条文】
政治資金規正法第3条、第4条、第5条、第6条、第8条、第9条、第12条、第17条、第20条、第20条の2、第23条、第25条、第27条

> **CASE**
>
> ### ③ 政治団体に対する寄附と
> ###   政治資金パーティーの制限
>
> ① 市議会議員に初当選したばかりの甲川は、かねてから懇意にしている某会社に「甲川丙男後援会」の法人会員となってもらい、後援会費として月5,000円を同後援会の銀行口座に振り込ませた。
> ② 上記甲川の支援者であるAは、甲川に対し、当選祝として現金数万円とビール券を贈与するとともに、「甲川丙男後援会」の活動費として幹部Bに対し、現金で200万円を手交した。
> ③ 上記後援会の会員であるCら数名は、後援会の活動費に充てるため、街頭募金を行い、通行人に無作為に声をかけ、匿名で一人当たり100円〜500円を募金箱に投入させた。

【解説】

1 寄附の制限

　政治資金規正法上、政治活動に関する寄附については、以下のような規制がある。

(1) **会社等の寄附の制限**

　会社・労働組合、職員団体その他の団体（以下「会社等」という）は、政党・政党の支部（1以上の市区町村の区域又は選挙区の区域を単位として設けられる支部に限る）及び政治資金団体以外の者に対しては、政治活動に関する寄附をしてはならない（規正法21条）。また、何人も会社等に対して政治活動に関する寄附を勧誘、要求してはならない。なお、法人その他の団体が負担する党費又は会費は寄附とみなされる（規正法5条②）こととなっているので、

会社等から法人会費を納めてもらうことも禁止される。したがって、政治家の後援会は、会社等からの寄附（いわゆる企業・団体献金）は一切受けることはできない。

また、何人も会社等に対して、政治活動に関する寄附（政党及び政治資金団体に対するものを除く）をすることを勧誘し又は要求してはならない。

(2) **公職の候補者の政治活動に関する寄附の制限**

何人も、公職の候補者の政治活動（選挙運動を除く）に関して金銭等（金銭及び有価証券）による寄附をしてはならない（規正法21条の2）。ただし、政党がする寄附及び政治団体に対する寄附は認められる。したがって、政治家個人は、政党以外からは、選挙運動に関する寄附（いわゆる陣中見舞の類）を除き金銭等で寄附を受けることはできない。

(3) **寄附の量的制限**

寄附の量的制限とは、政治活動に関して一の寄附者が年間に寄附することのできる金額についての制限であって、総額制限と個別制限とがある。

　○総額制限…一の寄附者が1年間にできる寄附総額の制限（規正法21条の3①～⑤）
　　　　　・会社等は、政党・政治資金団体に対してはA枠の範囲内で寄附をすることができる（資本金等の額に応じて寄附できる上限額は決まっているため、これを超えて寄附を行うことはできない）が、政党・政治資金団体以外の者に対しては、一切寄附をすることができない。

	政党・政治資金団体に対する寄附（A枠）	政党・政治資金団体以外の者に対する寄附（B枠）
個人	2,000万円まで	1,000万円まで
会社等	資本金等に応じて750万円から1億円まで	

（注）政治団体がする寄附、特定寄附（資金管理団体の届出をした公職の候補者が19条の3①の規定により当該資金管理団体に対してする寄附及び遺贈による寄附については適用されない

○個別制限…一の寄附者（個人）が1年間に同一の者に対して行う寄附金額の制限（規正法22条①～③）
　・個人は、政党・政治資金団体に対しては、A枠の範囲内で寄附ができる。また、政党以外のその他の政治団体に対しては、B枠の範囲内で、かつ、一団体につき年間150万円まで寄附ができる。
　・政治団体から他の政治団体に対する寄附には上限額はなかったが、平成17年11月の法改正に伴い、政党及び政治資金団体以外の政治団体が同一の政治団体（政党及び政治資金団体を除く）に対して年間5,000万円の個別制限を超えて寄附をすることは禁止された。

	政党・政治資金団体に対する寄附	公職の候補者、政党・政治資金団体以外の政治団体に対する寄附
個人	上記総額制限の限度額まで	150万円まで

（注）資金管理団体の届出をした公職の候補者が当該資金管理団体に対してする寄附については適用されない

(4)　**寄附の質的制限**

　寄附の質的制限とは、特定の者が行う政治活動に関する寄附等を規制するものである。

①国や地方公共団体から補助金等を受けている会社等の寄附の制限（規正法22条の3）

　　国又は地方公共団体から補助金、負担金、利子補給金その他の給付金の交付の決定を受けた会社等は、交付決定を受けた日から1年間寄附ができない。また、何人もこれに違反する寄附であることを知りながら受領してはならない。

政治家個人への政治資金の流れ

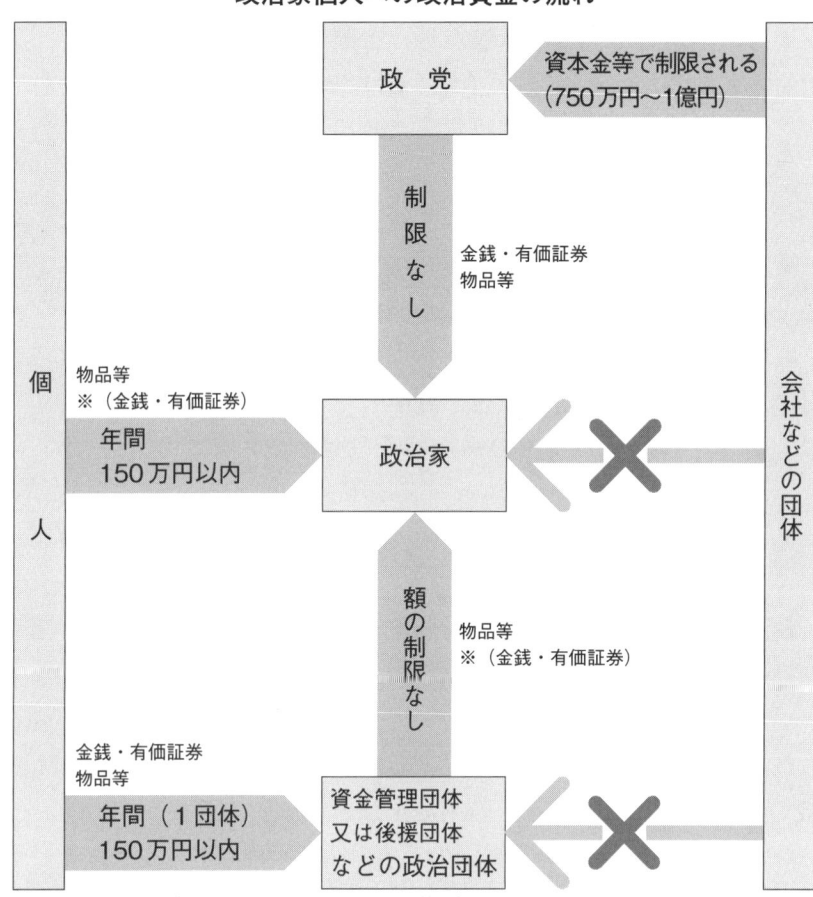

```
                                    政 党  ← 資本金等で制限される
                                             (750万円～1億円)
                                      │
                                    制限なし
                                   金銭・有価証券
                                    物品等
                                      ↓
  個   物品等
  人   ※(金銭・有価証券)
       年間
       150万円以内    →   政治家   ←  ×  会社などの団体
                           ↑↓
                         額の制限なし
                          物品等
                         ※(金銭・有価証券)
       金銭・有価証券
       物品等
       年間(1団体)
       150万円以内    →  資金管理団体  ←  ×
                         又は後援団体
                         などの政治団体
```

※(金銭・有価証券)→選挙運動に関するもの以外は禁止

(注) 東京都選管HP(http://www.senkyo.metro.tokyo.jp/qa/qa04.html)より転載。

② 赤字会社(3事業年度にわたり継続して欠損を生じている会社)の寄附の禁止(規正法22条の4)

　3事業年度以上にわたり継続して、確定した決算における貸借対照表に欠損金がある会社は、当該欠損がうめられるまで、寄附をすることができない。また、何人もこれに違反する寄附であることを知りながら受領してはならない。

③ 外国人、外国法人等からの寄附の受領の禁止(規正法22条の5)

何人も、外国人、外国法人又はその主たる構成員が外国人若しくは外国法人である団体等から、寄附を受けてはならない。

④他人名義及び匿名の寄附（街頭又は一般に公開される演説会若しくは集会の会場において政党又は政治資金団体に対してする寄附で1,000円以下のものは除く）の禁止（規正法22条の6）

何人も、本人の名義以外の名義又は匿名で、寄附をしてはならず、また、かかる寄附を受領してはならない。

(5) 寄附のあっせん・勧誘等についての規制

威迫等により寄附者の意思を不当に拘束するような方法による寄附のあっせん、寄附者の意思に反するチェック・オフ（給与等からの天引き）等による寄附のあっせんは禁止される（規正法22条の7①、②）。

2 政治資金パーティー

政治資金パーティーとは、対価を徴収して行われる催物で、当該催物の対価に係る収入の金額から当該催物に要する経費の金額を差し引いた残額を開催者又はその者以外の者の政治活動（選挙運動を含む。これらの者が政治団体である場合には、その活動）に関し支出することとされているもの（規正法8条の2）である。

政治資金パーティーの対価の支払いは、寄附にはあたらないため、政治家の後援会が企業や団体にパーティー券を購入してもらうこともできる。先に述べたところにより、政党に所属し「公認」で立候補が見込まれる公職の候補者については、政党本部の同意を得て政党支部を設立してその代表者となることにより、当該支部を企業・団体献金の受け皿とすることができるが、無所属の公職の候補者の場合、企業・団体から寄附を受けるすべはない。しかし、政治資金パーティーの開催により、企業等から政治資金を調達することは可能である。セミナー、シンポジウム、出版記念会などその名称のいかんを問わず、これに該当するものについては、次のような規制がある。

(1) **開催団体**

　政治資金パーティーは、政治団体によって開催されるようにしなければならない（規正法8条の2）。また、政治団体以外の者が特定パーティー（政治資金パーティーのうち当該政治資金パーティーの対価に係る収入の金額が1千万円以上であるもの）になると見込まれる政治資金パーティーを開催しようとする場合には、その者は、政治団体とみなされて、届出・報告等の義務が生じる。

(2) **対価の支払に関する制限**

　何人も、一の政治資金パーティーにおいて、150万円を超えて対価の支払又は受領をしてはならない（規正法22条の8①、③）。政治資金パーティーを開催する者は、対価の支払を受けようとするときは、あらかじめ、対価の支払をする者に対し、政治資金パーティーの対価の支払である旨を書面により告知（「この催し物は、政治資金規正法第8条の2に規定する政治資金パーティーです。」と記載）しなければならない（規正法22条の8②）。また、匿名での対価の支払いは禁止される（規正法22条の8④）。

(3) **対価の支払のあっせん・勧誘等についての禁止**

　威迫等により寄附者の意思を不当に拘束するような方法による対価の支払のあっせん、支払者の意思に反するチェック・オフ（給与等からの天引き）等による寄附のあっせんは禁止される（規正法22条の8④）。

(4) **公務員の関与の制限**

　国家公務員、地方公務員など政治資金規正法22条の9①に定める公務員は、その地位を利用して、政治活動に関する寄附を求め、若しくは受け、若しくは自己以外の者がする政治活動に関する寄附に関与し、又は政治資金パーティーに対価を支払って参加することを求め、若しくは政治資金パーティーの対価の支払を受け、若しくは自己以外の者がするこれらの行為に関与してはならない（たとえば、議員から政治資金パーティー券の購入のあっせんを頼まれた県や市町村の幹部職員が部下職員にパーティー券の購入をさせること

は、上司の「地位を利用」したことになる）。

【CASEの検討】

①について

　法人その他の団体が負担する党費又は会費は寄附とみなされる（規正法5条②）。会社に法人会費を納めてもらうことは、会社等の寄附の制限に違反し、寄附をした会社は、規正法21条①違反となる。次に、会費を納入するよう要求した甲川は、同法21条③違反、また、会費を受領した後援会の役職員又は構成員は、同法22条の2違反となる。罰則は、いずれも同法26条により1年以下の禁錮又は50万円以下の罰金。

②について

　何人も、公職の候補者個人に対しては、選挙運動に関するものを除き金銭や有価証券による寄附をすることは禁止される。当選祝は政治活動に関する寄附に当たることから、現金及び有価証券にあたるビール券を贈与したAは、公職の候補者の政治活動に関する寄附の禁止（規正法21条の2、26条。1年以下の禁錮又は50万円以下の罰金）に、受領した甲川は、これに違反する寄附の受領の禁止（規正法22条の2、26条。1年以下の禁錮又は50万円以下の罰金）にそれぞれ違反する（なお、物品等による寄附は可能であるため、たとえば当選祝として個人が候補者等にビールそのものを贈ることは禁止されない。ただし、公選法で禁止される当選祝賀会の開催にあたらないことが必要）。

　次に、「甲川丙男後援会」に対し、現金で200万円を寄附した行為については、一の寄附者が1年間に同一の政治団体に対して行うことができる寄附金額の制限額150万円を超えているため、寄附をしたAは、規正法22条違反、寄附を受領した後援会の役職員又は構成員は、同法22条の2違反となる。罰則は、いずれも同法26条により1年以下の禁錮又は50万円以下の罰金。

③について

匿名寄附については、街頭又は一般に公開される演説会若しくは集会の会場において政党又は政治資金団体に対してする寄附で1,000円以下のもの（政党匿名寄附）を除き禁止される（規正法22条の②）。匿名寄附を受けた後援会員Ｂらの行為は、規正法22条の6③に違反し、同法26条の2Ⅲにより3年以下の禁錮又は50万円以下の罰金。

【参照条文】
政治資金規正法第8条の2、第21条、第21条の2、第21条の3、第22条、第22条の2、第22条の3、第22条の4、第22条の5、第22条の6、第22条の7、第22条の8、第22条の9、第26条

CASE

④ 候補者等及び後援団体の政治活動用文書図画の掲示の制限
（平常時の政治活動の規制）

知事選挙に凸凹党から立候補を予定しているＡ野Ｂ男は、
① Ａ野Ｂ男と凸凹党党首がいっしょに写った写真を大きく引き伸ばしてポスターの形にして後援会事務所のビルの窓ガラスの内側から通行人に見えるように掲示した
② 「Ａ野Ｂ男後援会」という文字と本人の似顔絵の記載された垂れ幕（縦5ｍ、横3ｍ程度）を事務所の建物の前面に、「Ａ野Ｂ男」という文字の入った高さ１ｍ程度のノボリ旗10本を後援会事務所入口に、それぞれ掲示した（いずれも県選管の交付する証票は表示されていない）
③ 選挙の告示日の一ヶ月ほど前の時期に、Ａ野Ｂ男と凸凹党党首日本太郎の氏名及び顔写真を左右に配置し、中央部に「凸凹党県政講演会、○月○日○時から、××会館」、下部に弁士：日本太郎、弁士：Ａ野Ｂ男」とそれぞれ記載されたいわゆる「2連ポスター」を所有者の承諾を得て商店や民家の塀等に掲示した（全体の割合は、党首の顔写真部分を除きＡ野Ｂ男の顔写真部分の割合が最大）
④ 落選した後、次期選挙への再出馬の意思を固め、自分の顔写真と「Ａ野Ｂ男と県政を語る会、日時：○月○日、場所：××会館」と表示されたタブロイド型のポスターを自宅の塀に10数枚掲示した

【解説】
　選挙運動にわたらない純然たる政治活動については、本来自由に

行うことができるものではあるが、立候補予定者の氏名・顔写真の入ったポスターや後援会の名称を記載した大きな立札・看板などが街中に乱立し、選挙が近づくと時局後援会の開催等の名目で立候補予定者の氏名等を記載したポスターが掲示されることについては世間一般の批判も多く、金のかかる政治の一因となりうるものであった。そこで、立候補予定者の氏名や後援団体の名称を記載した政治活動用文書図画については、公職選挙法の数度にわたる改正を経て大幅に制限されることとなった。同法では候補者の氏名や後援団体の名称の記載された政治活動用文書図画の掲示を原則として禁止した上で、一定のものについては例外的に禁止の対象からはずすという規制方法をとっている（公選法143⑯Ⅰ～Ⅳ）。

〈掲示を規制される文書図画〉

　ア．候補者等の政治活動のために使用される当該候補者等の氏名又はこれらの者の氏名が類推されるような事項を表示する政治活動用文書図画

　　※候補者（現に立候補している者）、候補者となろうとする者（立候補の意思を有している者又は客観的に立候補の意思を有していると認められるもの）、公職にある者（次期選挙への立候補の意思の有無を問わず、現に公選による公職に就いている者）を合わせて公選法では「公職の候補者等」と呼称している。以下、本書では、「候補者等」と表記。

　イ．後援団体の政治活動のために使用される当該後援団体の名称を表示する政治活動用文書図画

　これらの政治活動用文書図画については、次に掲げるものを除き、何人も掲示してはならないこととなっている。つまり、候補者や後援団体の構成員だけでなく、第三者が掲示することも禁止される。なお、「氏名が類推されるような事項」とは、文書図画の記載内容自体から直ちに氏名が類推されるもののことをいい、例えば、氏名を図形化したロゴマークの類や似顔絵などがこれにあたる。したがって、政治活動用の文書図画であっても公職の候補者等の氏

名・氏名類推事項又は後援団体の名称を表示しないもの（たとえ政治的スローガンのみのもの、それ自体からは氏名を類推できないシンボルマークの類のみのもの）はこの規制の対象外である。また、氏名・氏名類推事項が記載されていても、純粋に営業用など他の用途として用いられているものについても規制対象外である。

〈掲示を規制されない文書図画〉

上記ア及びイの政治活動用文書図画のうち次の①〜④に掲げるもの（公選令110条の5①）

① 立札及び看板の類で、次の一定数の範囲内で、かつ、候補者等又は後援団体の政治活動用の事務所ごとにその場所において通じて2を限り掲示されるもの

選挙の種類		候補者等	後援団体
衆議院小選挙区選出議員		10	15
参議院選挙区選出議員		12＋（当該都道府県の区域内の衆議院小選挙区選出議員の選挙区数が2を超える場合、超える数が2を増すごとにプラス2）	18＋（当該都道府県の区域内の衆議院小選挙区選出議員の選挙区数が2を超える場合、超える数が2を増すごとにプラス3）
都道府県	知事	12＋（当該都道府県の区域内の衆議院小選挙区選出議員の選挙区数が2を超える場合、超える数が2を増すごとにプラス2）	18＋（当該都道府県の区域内の衆議院小選挙区選出議員の選挙区数が2を超える場合、超える数が2を増すごとにプラス3）
	議員	6	6
指定都市	長	10	10
	議員	6	6
市（指定都市を除く）	長	6	6
	議員	6	6
町村	長	4	4
	議員	4	4

※衆議院・参議院の比例代表選出議員選挙の候補者等や後援団体も一定数を掲示できるがここでは省略。

立札とは、独立してこれを立てるようなもの、看板とは、固定的に物件に取り付けられたようなものを指し、ノボリ旗や垂れ幕なども立札・看板の類に含まれる。これらはあくまで平面的なものでなければならず、角柱又は角錐状の広告塔のような立体的なものは使用することはできない。規格は縦１５０センチメートル、横４０センチメートル（文字の記載される部分だけでなく足のついた部分も含む）を超えてはならないとされており、かつ、当該選挙に関する事務を管理する選挙管理委員会（衆議院小選挙区選出議員選挙、参議院選挙区選出議員選挙、都道府県議会議員及び知事の選挙については都道府県選挙管理委員会、市町村議会議員及び市町村長の選挙については市町村選挙管理委員会、衆議院及び参議院の比例代表選出議員選挙については中央選挙管理会）の定めるところの表示（証票）をしたものでなければならない（公選法143⑰）。この証票はそれぞれの選挙管理委員会に申請して交付を受ける必要がある（法定外の規格、形態のものであればたとえ証票を貼ったとしても違法であることはいうまでもない）。

　掲示できる数については、上記一覧表に示す総数の範囲内で、しかも候補者や後援団体の１事務所につき、「通じて２」、つまり立札、看板などを合計して２枚までとされている（立札・看板の両面使用の場合は２枚として計算される）（公選法143条⑯Ⅰ）。したがって、後援会をいくらたくさん設立したとしても掲示できる総数には上限があることに留意する必要がある。また、候補者等若しくは後援団体が同時に２以上の選挙に係るものとなった場合（たとえば、新人が県議会議員選挙と知事選挙の両方に立候補しようとしているような場合）には、それらの選挙のうち、候補者等が指定するいずれか１の選挙のみに係るものとみなされる。ただし、公職にあるものが当該公職以外の１の公職に係る選挙の候補者となろうとする者となった場合（たとえば、現職の県議会議員が次の県議会議員選挙には立候補する意思がなく、市長選挙に立候補しようとしているような場合）には、当該選挙（市長選挙）のみに係るものとみな

され、当該公職以外の2以上の公職に係る選挙の候補者となろうとする者となった場合（たとえば、現職の県議会議員が次の県議会議員選挙には立候補する意思がなく、市長選挙及び知事選挙に立候補しようとしているような場合）には、候補者等が指定するいずれか1の選挙のみに係るものとみなされる（公選令110条の5③）。

　掲示場所については、「事務所ごとにその場所において」掲示されるものであるから、実態として政治活動のために各種の事務を行う場所でなければならず、たとえば、街角の電柱（軽犯罪法にも違反する）や屋外駐車場、田畑の真中などに掲示することはできない。

　なお、選挙期間中にあっては、立札・看板の類の掲示には別途規制があり、特に候補者の氏名・氏名類推事項を冠した後援団体の立札・看板の類を新たに掲示することはいかなる選挙の場合においても禁止される（法201条の13関連。詳細は本書§23参照）。したがって看板等を別の事務所に移動させることもできない。

② 　表面に掲示責任者及び印刷者の氏名（法人にあっては名称）及び住所を記載したポスターで、当該ポスターを掲示するためのベニヤ板、プラスチック板その他これらに類するものを用いて掲示されるもの（いわゆる裏打ちポスター）以外のもの（候補者等若しくは後援団体の政治活動のために使用する事務所若しくは連絡所を表示し、又は後援団体の構成員であることを表示するために掲示されるもの及び選挙前の一定期間内に当該選挙区内に掲示されるものは禁止）

　ベニヤ板、プラスチック板その他材質を問わず裏打ちのあるポスターは掲示できず、たとえ裏打ちがなかったとしても「A野B男後援会連絡所」「A野B男後援会員之章」といった、候補者等若しくは後援団体の政治活動のために使用する事務所若しくは連絡所を表示し、又は後援団体の構成員であることを表示するためのポスターは掲示することができない。

　さらに、選挙ごとに一定期間（任期満了による選挙にあっては

その任期満了の日の6月前の日から当該選挙期日までの間、任期満了による選挙以外の選挙（たとえば市町村長の死亡、辞職による選挙）にあっては当該選挙を行うべき事由が生じたときその旨を当該選挙に関する事務を管理する選挙管理委員会が告示した日の翌日から当該選挙の期日までの間）は、選挙区内に掲示することができない。これは平成6年の公選法改正によって設けられた規制である。したがって、「○山○夫市政報告会」、「△川□子時局講演会」といったような候補者等の政治活動用ポスターについては、たとえば任期満了日が10月1日であれば10月1日を第1日として逆算し、6ヶ月目に当たる日、つまり4月1日からは掲示禁止となる。

　ただし、一定期間掲示が禁止されるのは、候補者等やその後援団体の政治活動用ポスターであるから、政党の政治活動用ポスターについては当該選挙の立候補予定者の氏名や顔写真が載っていたとしても掲示できる場合がある。掲示が許される政党ポスターと禁止される個人ポスターの区別について、とりわけ問題となるのは、党首などの政党幹部等とともに当該選挙の立候補予定者（一定期間内）を含めた複数の政治家の氏名、顔写真が掲載されたいわゆる「2連ポスター」、「3連ポスター」の類であろう。かかるポスターが一定期間内でも掲示の規制されない政党の政治活動用ポスターか、あるいは規制対象となる立候補予定者個人の政治活動用ポスターにもあたるものか、その区別については、一般的な外形判断としては次のように考えられている。

　複数の弁士が紹介されている場合であっても、弁士のうちの特定の者のみについて色や大きさを変えて目立たせるなどして他の者と異なる特段の取り扱いとしている場合には、殊更目立たせている者についての政治活動用ポスターと解される。

　次に、複数の弁士を同等に取り扱っている場合であっても、当該立候補予定者を紹介している記載部分の面積が、政党名、政党のスローガンあるいは演説会の日時・場所の紹介といった純然た

る政党の記載部分（これには、党首など他の弁士の顔写真や氏名の部分は含まれない）の合計面積を超えているものは当該立候補予定者個人の政治活動用ポスターと解される。また、弁士として紹介された個人のすべてが同一選挙の同一選挙区（たとえばすべてが県議会議員のＡ市選挙区の立候補予定者、参議院比例代表選出議員選挙と同選挙区選出議員選挙の立候補予定者）であるものは個人用と解される。もちろん、外形的な基準だけをクリアーしていればよいというものではなく、演説会や講演会開催の実体のないものについては立候補予定者個人の氏名の普及宣伝目的の事前運動と判断されるおそれもある。

③　政治活動のための演説会、講演会、研修会その他これらに類する集会の会場においてその開催中使用されるもの

　　演説会等の会場の内外に掲示される、演説会等の開催中使用される文書図画であれば、数量、規格、種類等の制限は受けない。

④　確認団体が当該選挙の期間中に認められる政治活動及び選挙運動において使用するもの（確認団体の意義については、後述。本書§23参照）

【 CASE の検討 】

　ケース①については、後援団体の事務所を表示するためのポスターである上、氏名・顔写真が大きく載っていることから掲示の時期、態様によっては、氏名の普及宣伝を目的とした事前運動に当たるおそれもある。

　ケース②については、垂れ幕、ノボリ旗（いずれも立札及び看板の類にあたる）ともに選挙管理委員会の交付する証票が貼られていない上、垂れ幕については規格制限を超えていること、ノボリ旗については設置できる数を超えていることからいずれも違法となる。

　ケース③については、純然たる政党の政治活動の記載部分よりもＡ野Ｂ男の氏名・顔写真部分の割合が大きいことから立候補予

定者個人の政治活動用ポスターと認められ、一定期間内に入ってから掲示することは違法となる。

　ケース④については、たとえポスターの記載内容や掲示時期については適法なものであったとしても、10枚以上にわたる多くの枚数を集中掲示していることから、掲示の態様等から見て、立候補予定者の氏名の普及宣伝を目的とした事前運動に当たるおそれがある。

　以上、①～③は、いずれも文書図画の掲示の制限違反（法143条、243条Ⅳ。2年以下の禁錮又は50万円以下の罰金）にあたり、④については、事前運動（法129条、239条①Ⅰ、1年以下の禁錮又は30万円以下の罰金）にあたることとなる。

【参照条文】
公職選挙法第143条、第243条
公職選挙法施行令第110条の5

> **CASE**
>
> ⑤ 候補者等のあいさつ状の禁止、有料広告の禁止
>
> ① 市議会議員に立候補を予定しているAはパソコンで時候のあいさつを作成し、氏名のみを自署した暑中見舞状を市内に住む友人らに郵送した
> ② Aの後援団体である「Aと歩む会」は、母校の高校野球部が全国大会に出場を決めた際、「祝△△高校　甲子園出場　△△高校の健闘を祈ります　Aと歩む会」と記載された名刺広告を地元紙に有料で掲載させた

【解説】

1 時候のあいさつ状の禁止

　候補者等は、答礼のための自筆によるものを除き、選挙区内にある者に対する年賀状、寒中見舞状、暑中見舞状その他これらに類するあいさつ状を出すことは禁止されている（147条の2）。これは選挙期間のいかんを問わず、常時禁止される。その他これらに類するあいさつ状には、たとえば残暑見舞状やクリスマスカード、喪中欠礼葉書などが含まれる。また、自筆によるものとは認められない例として、印刷した時候のあいさつ状に候補者等が住所と氏名のみを自書したものが挙げられる。

　電報についても、年賀電報のような時候のあいさつを目的とするものは禁止されるが、弔電や各種大会における祝電については、選挙運動にわたるような文言が記載されていないものであれば差支えない。

2 あいさつを目的とする有料広告の禁止

　候補者等及び後援団体は、選挙区内にある者に対する主としてあいさつ（年賀、寒中見舞、暑中見舞その他これらに類するもののためにするあいさつ及び慶弔、激励、感謝その他これらに類するもののためにするあいさつに限る）を目的とする広告を、有料で、新聞紙、雑誌、ビラ、パンフレットその他これらに類するものに掲載させること、あるいは有料で放送事業者の放送設備により放送させることができない（152条①）。この規定に違反して広告を掲載させ又は放送させた者には罰則の適用がある（公選法235条の6①）。また、何人もこのような広告を候補者等又は後援団体に対して有料で掲載したり、有料で放送させることを求めてはならず（公選法152条②）、この規定に違反して、公職の候補者等又は後援団体の役職員、構成員を威迫して広告を掲載させ又は放送をさせることを求めた者には罰則の適用がある（公選法235条の6②）。

　これらの行為は選挙期間のいかんを問わず、常時禁止される。

　「慶弔、感謝その他これらに類するもののためにするあいさつ」としては、たとえば、各種大会における祝いのあいさつや死亡に係るあいさつ、地元高校の野球大会出場に係る激励のあいさつ、災害見舞、後援団体の結成何周年にあたってのこれまでの支援に対する感謝のあいさつなどがある。なお、政策広告については一般にあいさつを目的とするものにはあたらないが、あいさつの文言を入れることにより、主としてあいさつを目的とするものになると禁止されることとなる。死亡広告については、単に死亡日時や葬儀の日時・場所、葬儀形式などの事実を通知するだけものについてはさしつかえはないが、たとえば「生前のご厚誼を厚く御礼申し上げます」といった文言を記載すると、全体として「あいさつを目的」とするものになってしまうことになる。

【CASEの検討】
　Aの行為のうち、①については、答礼のための自筆によるものではないことから、あいさつ状の禁止に違反する。なお、氏名のみを自書したものは「自筆」とは認められない。この違反には罰則規定はない。②については、あいさつを目的とする有料広告の制限違反（法152条①、235条の6①。50万円以下の罰金）となる。

【参照条文】
公職選挙法第147条の2、第152条、第235条の6

> **CASE**
> ⑥ 選挙運動の収支規制（その1）
> 　（選挙運動に関する収入及び支出の規制）
>
> ①　市議会議員に初挑戦の候補者甲を支援する「勝手連」のメンバー数人が甲のために、選挙運動費用のカンパを行うこととし、告示日前後にかけて、街頭に募金箱を置き、通行人に氏名、住所等も確認することなく自由に金銭を投入してもらい甲に手渡したが、特段の手続きは行わないままにしていた。
> ②　また、当該メンバーらは、自分達だけで甲を支援するための演説会を企画し、某団体の会議室を会場として借り上げ、会場借上料、資料印刷代その他の準備費用を支払った。
> ③　甲の選挙事務所には、複数の支援者からの陣中見舞が届けられていた。出納責任者Aは、連日の選挙事務所での作戦会議等で多忙であったために会計帳簿に記載することを失念したまま放置していた。

【解説】

1 収入、寄附及び支出とは

　公職選挙法は、金権選挙防止の見地から選挙運動費用の収支について一般的な規制を設けており、選挙運動に関する「収入」、「寄附」及び「支出」について用語の定義を行っている。これは社会通念上のものよりもかなり範囲が広いため注意が必要である。

　なお、先に述べた政治資金規正法上の「収入」、「寄附」及び「支出」の概念と公職選挙法上のそれらの概念は少し異なっており、後者には　金銭、物品その他の財産上の利益の供与又は交付の「約束」も寄附に含まれるという大きな違いがある。

①収入（公選法179条①）
　収入については、金銭、物品その他の財産上の利益の現実の取得だけでなく、その取得についての承諾や約束があればそれも含めて収入とされる。
　ア　金銭、物品その他の財産上の利益の収受
　イ　金銭、物品その他の財産上の利益の収受の承諾
　ウ　金銭、物品その他の財産上の利益の約束
②寄附（公選法179条②）
　ア　金銭、物品その他の財産上の利益の供与又は交付（党費、会費その他債務の履行としてなされるものは除く）
　イ　金銭、物品その他の財産上の利益の供与又は交付の約束（党費、会費その他債務の履行としてなされるものは除く）
　　ここで、「供与」とは、提供しようとする相手方に直接渡すことであり、「交付」とは、提供しようとする相手方のために、仲介人に渡すことをいう。
　　「寄附」は寄附をする側からいえば支出の一部であり、寄附を受ける側からいえば収入の一部である。
　　党費、会費その他債務の履行としてなされるものは寄附には含まれない。「党費、会費」とは、政党その他の政治団体の構成員が当該団体の財政を維持するため、定款、規約、党則等に定めるところに従って、構成員たる地位に基づいて義務として支出する通常均一な債務とその履行行為をさす。なお、たとえ名目が「党費、会費」であっても特定の目的にあてるために行われる贈与的な性質の支出については、寄附と解される。
③支出（公選法179条③）
　ア　金銭、物品その他の財産上の利益の供与又は交付
　イ　金銭、物品その他の財産上の利益の供与又は交付の約束
　金銭、物品その他の財産上の利益には、花輪、供花、香典又は祝儀として供与され、又は交付されるものその他これらに類するもの

を含む。

　「財産上の利益」とは必ずしも有体物には限られず、債務の免除、労務の無償提供、物品の無償貸与などこれを受ける側が利益を受ける一切のものをいう。たとえば、建物の一室を選挙事務所として無償で借りた場合、通常支払うべき賃料を支払わずにすんだという利益があるから、その賃料相当分が収入ということになる。この場合、会計帳簿上は、時価に見積もった賃料相当額を寄附として収入に計上し、その利益は自らが消費することになるから、同額を支出にも記載するのである。選挙運動費用として支出できる総額は決まっている（後述）ため、この部分も支出に含めて計上しておかなければならない。

2 出納責任者の選任

(1)　選挙運動に関する収入、支出についていっさいの責任を負うのが出納責任者である。選挙運動に関する費用は、原則として出納責任者でなければ支出することができない（公選法187条①）。これに違反した場合、罰則の適用がある（公選法246条Ⅳ）。これは、選挙運動に関する支出を出納責任者に一本化することによって正確な収支の把握や選挙運動費用の法定制限額の遵守を期するためである。この例外として次のものがある。

　①立候補準備のために要する支出
　②電話による選挙運動に要する支出

　　電話による選挙運動は第三者が誰でも自由になしうるが、候補者又は出納責任者と意思を通じて行った場合は選挙運動費用に参入され、意思を通じない場合は参入されない。

　③出納責任者の文書による承諾を得た者が行う支出

　　②の電話による選挙運動に関する支出を除き、たとえ候補者であっても出納責任者の文書による承諾を得ない限り、選挙運動に関する支出をすることはできない。この文書による承諾は、必ず支出前に得ておかなければならず、事後承諾を得ても罰則の適用

がある（大判昭和3.3.5）。承諾に際しては、詳細に使途を特定する必要はないものの、少なくとも、会計帳簿に記載する費目の用途に応じ、食糧費何食何円、会場借上料何回分何円といった程度の記載は必要で、たとえば選挙運動費用何円といった概括的なものでは許されないと解されている。金額に不足を生じた場合でも立替払はできず、不足分については改めて文書による承諾が必要となる（大判昭和3.3.6）。

また、①の支出で候補者若しくは出納責任者となった者が支出し又は他の者がその者と意思を通じて支出したものについては、出納責任者は、その就任後直ちに当該候補者又は支出者につきその精算をしなければならない（公選法187②）。

(2) 候補者は必ず出納責任者1人を選任し、直ちに出納責任者の氏名、住所、職業、生年月日及び選任年月日並びに公職の候補者の氏名を、所定の文書で、当該選挙に関する事務を管理する選挙管理委員会（参議院比例代表選出議員の選挙については、中央選挙管理会）に届け出なければならない（公選法180条③④）。文書は選挙管理委員会の定める所定の様式により作成し、告示日に立候補届の届出と合わせて行うのが通常である（選挙管理委員会では立候補予定者説明会と立候補届出の事前審査を行っているのが通例であるから、実務上は、立候補予定者説明会で配布される様式に記入して正式の立候補届出に先立ち選管の事前審査を受けることとなる）。そして、この選挙管理委員会への届出をした後でなければ、出納責任者は寄附を受け、又は支出をすることができない（公選法184条）。これに違反した場合、罰則の適用がある（公選法246Ⅰ）。なお、公職選挙法に基づいて行う選挙管理委員会への届出等の行為は、午前8時30分から午後5時までの間にしなければならない（公選法270条）が、出納責任者の届出に関する文書については、郵送する場合、郵便局の窓口で引受時刻証明を受けておればその時に届け出をしたことになる（公選法183条の2）。

出納責任者の選任方法は、候補者が適切な人を選任するのが一般的であるが、候補者自身が出納責任者になることもできる。また、立候補の推薦届出の場合に推薦届出者が候補者の承諾を得て選任することや推薦届出者が候補者の承諾を得て自ら出納責任者になることもできる（公選法180条①）。なお、出納責任者の選任者（自ら出納責任者となった者を含む）は、文書で、出納責任者の支出することのできる金額の最高額を定め、出納責任者とともにこれに署名押印しなければならないこととなっている（公選法180条②）。辞任、解任等により出納責任者に異動があった場合（182条）及び出納責任者の職務代行者をおく場合（公選法183条）も選挙管理委員会への届出が必要である。また、出納責任者の異動があった場合には事務引継ぎをしなければならず、これを怠った場合には罰則の適用がある（公選法246条Ⅵ）。

3 出納責任者の職務

(1)　出納責任者は、会計帳簿（種類及び様式は、総務省令で定める）を備え、次の事項を記載しなければならない（公選法185条）。これに違反して会計帳簿を備えず又は会計帳簿への記載を怠り若しくは虚偽記載をした場合は罰則の適用がある（公選法246Ⅱ、Ⅷ）。記載の時期については、記載可能となった後遅滞なくの意である。会計帳簿は収入簿と支出簿からなり、選挙運動に関する収支報告書の原簿となるもので、会計帳簿その他の関係書類は収支報告書提出の日から3年間保存しなければならない（公選法191条）。これに違反した場合、罰則の適用がある（公選法246条Ⅶ）。

　①選挙運動に関するすべての寄附及びその他の収入（公職の候補者のために公職の候補者又は出納責任者と意思を通じてなされた寄附を含む）

　②選挙運動に関する寄附をした者の氏名、住所及び職業並びに寄附の金額（金銭以外の財産上の利益については時価に見積った

金額）及び年月日。なお、政党から交付を受けた「公認料」も寄附として記載しなければならない。
　　③選挙運動に関するすべての支出（公職の候補者のために公職の候補者又は出納責任者と意思を通じてなされた支出を含む）。支出は、人件費、家屋費（選挙事務所費、集合会場費）、通信費、交通費、印刷費、広告費、文具費、食料費、休泊費、雑費の１０種類に分類される。
　　　「選挙運動に関する支出」には、選挙事務所借上料やそこへの電話架設費、事務用品購入費といった立候補準備のために要した費用も含まれることに注意が必要である。
　　④選挙運動に関する支出を受けた者の氏名、住所及び職業並びに支出の目的、金額及び年月日
(2)　出納責任者以外の者で公職の候補者のために選挙運動に関する寄附を受けたものは、寄附を受けた日から７日以内に、寄附をした者の氏名、住所及び職業並びに寄附の金額及び年月日を記載した明細書を出納責任者に提出しなければならない。ただし、出納責任者の請求があるときは、直ちに提出しなければならない（公選法186条①）。また、候補者が立候補届出をする前に受けた選挙運動に関する寄附については、立候補の届出後直ちに出納責任者にその明細書を提出しなければならない（公選法186条②）。これに違反した場合、罰則の適用がある（公選法246条Ⅲ）。
(3)　出納責任者又は公職の候補者若しくは出納責任者と意思を通じてそのために支出をした者は、選挙運動に関するすべての支出について、支出の金額、年月日及び目的を記載した領収書その他の支出を証すべき書面を徴さなければならない。但し、これを徴し難い事情があるときはこの限りでない（たとえばバス代や電車代のように社会通念上領収証を発行しないものや選挙運動が選挙公営（※巻末一覧表参照）の対象となった場合の当該支出費目）。また、公職の候補者又は出納責任者と意思を通じてそのために支出をした者は、領収書その他の支出を証すべき書面を直ちに出納

責任者に送付しなければならない（公選法188条）。これに違反して領収書等の徴収、送付をしなかった場合には罰則の適用がある（公選法246条Ⅴ）。

(4) 出納責任者は、公職の候補者の選挙運動に関する収支報告書を、領収書その他の支出を証すべき書面の写し（領収書等を徴し難い事情があったときは、その旨並びに支出の金額、年月日及び目的を記載した書面）を添付して、次の期限までに、当該選挙に関する事務を管理する選挙管理委員会（参議院比例代表選出議員の選挙については、中央選挙管理会）に提出しなければならない（公選法189条）。これに違反して収支報告書を提出せず、又は虚偽記入等をした場合には罰則の適用がある（公選法246条Ⅴの Ⅱ）。

①当該選挙の期日の公示又は告示の日前まで、選挙の期日の公示又は告示の日から選挙の期日まで及び選挙の期日経過後になされた寄附及びその他の収入並びに支出については、これを併せて精算し、選挙の期日から15日以内

②前記精算届出後になされた寄附及びその他の収入並びに支出については、その寄附及びその他の収入並びに支出がなされた日から7日以内

【 CASE の検討 】

ケース①については、出納責任者以外の者で公職の候補者のために選挙運動に関する寄附を受けたものは、寄附を受けた日から7日以内に（立候補の届出前に受けた寄附については立候補の届出後直ちに）、寄附をした者の氏名、住所及び職業並びに寄附の金額及び年月日を記載した明細書を出納責任者に提出しなければならない（公選法186条①②）にもかかわらず、当該手続きを行っていないため、選挙運動に関する収入及び支出の規制違反となる（公選法186条、公選法246条Ⅲ。3年以下の禁錮又は50万円以下の罰金）。また、匿名寄附の禁止（政治資金規正法22

条の６）にも違反する。

　ケース②については、電話による選挙運動に関する支出を除き、出納責任者の事前の文書による承諾を得ない限り、何人も選挙運動に関する支出をすることはできないことから、第三者が演説会場借上料等を支出したことは、選挙運動に関する収入及び支出の規制違反となる（公選法187条、公選法246条Ⅳ。３年以下の禁錮又は20万円以下の罰金）。

　ケース③については、陣中見舞は寄附として会計帳簿の収入簿に記載し、選挙管理委員会に提出する選挙運動費用収支報告書にも記載しなければならない。事務多忙というのは理由にはならず、Ａは出納責任者に課せられた会計帳簿の記載義務を怠っていることから、選挙運動に関する収入及び支出の規制違反となる（公選法185条、公選法246条Ⅱ。３年以下の禁錮又は50万円以下の罰金）。

　とりわけ、公選法246条に規定する各罪は、重大な過失によりこれを犯した者も処罰できる（公選法250条②）こととなっているため、出納事務は細心の注意を払う必要があり、この点からも出納責任者の人選は極めて重要である。

【参照条文】
公職選挙法第179条、第180条、第181条、第182条、第183条、第183条の２、第184条、第185条、第186条、第187条、第188条、第189条、第191条、第246条、第250条

CASE

⑦ 選挙運動の収支規制（その２）（選挙運動費用の制限と実費弁償・報酬の支給）

　県議会議員甲郡選挙区の候補者の出納責任者Ａは、ポスター貼りや自動車運転の労務に従事させる目的で選挙期間中、選挙区内の複数の市町村に住むいわゆるフリーターを数人雇用してこれらの作業を行わせるとともに、投票依頼の口上を書いたメモを渡して電話帳掲載者宅に無作為に電話をかけさせて候補者に対する投票依頼を行わせ、その反応を○×△で報告させた。そして、労務者報酬として１日につき10,000円を支給し、選挙事務所までの交通費として全員一律に１日につき2,000円を支給した。

【解説】

1 選挙運動費用の制限と法定選挙費用

　選挙運動に関する支出を無制限に放任すると、金権選挙の横行や金銭的に裕福な候補者とそうでない候補者との間の選挙運動の不平等を招来することが考えられるため、公職選挙法では、選挙運動のために使うことができる費用の最高限度額（法定制限額）を定め、その範囲内でなければ選挙運動費用の支出ができないものとしている。法定制限額は、当該選挙を管理する選挙管理委員会が定め、選挙の期日の公示又は告示のあった日にこの金額を告示する。法定制限額は選挙の種類によって異なり、地方選挙における法定制限額は別紙一覧表のとおり算出される。
　もし、出納責任者が告示された制限額を超えて自ら選挙運動に関する支出をし又は他の者に支出をさせたときは、罰則の適用がある

（公選法196条、247条）。重大な過失による違反も処罰されることに注意が必要である。出納責任者がこの罪を犯し刑に処せられたときは、当該当選人の当選は無効となり、かつ、連座裁判確定の日から5年間の立候補制限が科せられることがある（詳細は本書§33参照）。

　選挙運動に関する支出とは、支出者のいかんを問わず、実質的に選挙運動及びその準備行為に該当する行為のための支出であれば、すべてこれに含まれる。

　ただし、次のものは選挙運動に関する支出とはみなされないため、選挙運動費用に算入する必要はない（公選法197）。なお、供託金は当然、選挙運動費用ではないと解されている。

①立候補準備のために要した支出で、候補者若しくは出納責任者となった者のした支出又はその者と意思を通じてした支出以外のもの
②立候補の届出後、候補者又は出納責任者と意思を通じてした支出以外のもの
③候補者が乗用する船車馬等のために要した支出
④選挙の期日後において選挙運動の残務整理のために要した支出
⑤選挙運動に関し支払う国又は地方公共団体の租税又は手数料
　※なお、消費税についてはこれに含まれないことに注意する必要がある。消費税の納税義務者は事業者（消費税法5条）であり、消費者が「支払う」租税にはあたらないからである（消費者は、消費税相当分が転嫁された価格を支払っているにすぎない）。したがって、選挙運動に関する支出は消費税相当分も含めて法定制限額以内に収めなければならないことになる。
⑥候補者届出政党又は参議院名簿届出政党等が行う選挙運動のために要した支出
⑦確認団体が行う選挙運動のために要した支出
⑧選挙運動用自動車及び船舶を使用するために要した支出

2 選挙運動員又は労務者に対する実費弁償又は報酬の支給

　衆議院比例代表選出議員の選挙以外の選挙においては、①選挙運動に従事する者（以下「選挙運動員」という）に対して支給できる実費弁償、②選挙運動のために使用される労務者（以下「労務者」という）に対して支給することができる実費弁償及び報酬の額については、政令の定める基準にしたがって、当該選挙に関する事務を管理する選挙管理委員会（参議院比例代表選出議員の選挙については中央選挙管理会）が定めることとなっている。さらに、選挙運動のために使用する事務員（以下「事務員」という）及び専ら選挙運動用自動車等の上における選挙運動のために使用する者（いわゆるウグイス嬢。以下「車上運動員」という）及び手話通訳者に対しては実費弁償だけでなく、法定の要件のもとに報酬を支給することができる（公選法197条の2）。

　実費弁償は、選挙運動員及び労務者に対して支給することができる。実費弁償の対象となるのは下記の項目である（公選法施行令129条①Ⅰ）。あくまで実費の弁償であるから、現実に要した金額を超えて支給することはできない。また、現実に要した費用であっても選挙管理委員会が定めて告示する額を超えることはできない。これらを超えた額を支給することは利益供与として買収（運動買収）の推定を受けることとなる。なお、下記基準額はあくまで上限額であるから、消費税相当分を下記基準額に上乗せして支払うことはできないことに注意する必要がある。

　○鉄道賃
　　鉄道旅行について、路程に応じ旅客運賃等により算出した額
　○船賃
　　水路旅行について、路程に応じ旅客運賃等により算出した額
　○車賃
　　陸路旅行（鉄道旅行を除く）について、路程に応じた実費額

○宿泊料
　　（食事料2食分を含む）　一夜につき12,000円
　○弁当料
　　1食につき1,000円、1日につき3,000円
　○茶菓料
　　1日につき500円

①労務者に対する実費弁償及び報酬

　労務者に対しては、上記のうち鉄道賃、船賃、車賃、宿泊料についての実費弁償が可能であるが、弁当料、茶菓料についての実費弁償はできない。

　「労務者」とは、専ら、裁量の余地のない単純な機械的労務（ポスター貼り、葉書の宛名書きや発送、自動車の運転等）に従事する者である。選挙人に対し直接に投票を勧誘する行為はそもそも労務とはいえず、また、選挙人に対し直接投票を勧誘する行為以外の行為については、行為者自らの判断に基づいて行う、裁量の余地のある行為かどうかにより、労務であるか選挙運動であるかが判断されることとなる（最判昭和53.1.26）。たとえば、ポスター掲示の地区、割当枚数及び場所を自ら選定し、候補者に有利と判断して掲示を行う行為は選挙運動に当たり、そのような行為を行う者はもはや労務者とはいえない（大阪高判昭和36.10.5）ことから、労務賃の名目で報酬を支給することは買収となるおそれがある。

　実費弁償については次のとおり支給できる。
　　ア　鉄道賃、船賃、車賃については、上記のとおり
　　イ　宿泊料は、一夜につき10,000円（労務者は報酬を受けることができるため、食事は自己負担とされる）。

　報酬については、基本日額　10,000円以内、超過勤務手当10,000円の5割以内。基本日額とは「日当」の意味であり、8時間の労働に対する対価である。なお、労務者に対して弁当が提供された場合は、当該基本日額から、提供した弁当の実費相当分を差し

引いたものを支給しなければならない（公選法施行令129条②）。これら実費弁償や報酬を前渡した場合には、使途、支払金額、支払先等を特定し、後日正当な支出であることが領収書等によって証明されるような形をとる必要がある（福岡高判昭和31.1.19）。したがって、後日の精算を怠った場合には、運動買収となることがあると解される。

②選挙運動員に対する実費弁償及び報酬

　実費弁償については次のとおり支給できる。

　　ア　鉄道賃、船賃、車賃については、上記のとおり
　　イ　宿泊料は、一夜につき2食付12,000円
　　ウ　弁当料は、一食につき、1,000円、一日につき3,000円
　　　（ただし、選挙運動員に弁当を提供した場合は、1日当たりの弁当料の制限額（選挙管理委員会が告示）から提供した弁当の実費相当額を差し引いた額の範囲内である）
　　エ　茶菓料は、一日500円

報酬については、原則として労務者にのみ支給でき、選挙運動員には支給することができない（これを「選挙運動無報酬の原則」という）。ただし、例外として事務員、車上運動員、手話通訳者については次の規制に従って支給できる。

　　ア　支給できる期間

　　　立候補の届出後、報酬の支給を受けることができる者を、文書で、選挙管理委員会に届け出たときから選挙の期日の前日までの間。実務上はこの届出は、立候補届出が受理された直後に同じ受付会場内で選挙管理委員会に提出するのが通常であるが、この文書を郵送する場合は、郵便局の窓口で引受時刻証明を受けておればその時に届け出をしたことになる。この届出についても立候補届出の事前審査の際にあわせて選管のチェックを受けるべきものである。あらかじめ選管に届出（公選令129条⑧）をしない限り報酬を支給することはできない。当然、届出を行った者が実際には当該選挙運動に従事しなかった場合に

報酬を支給することはできない。以上の場合に報酬を支給すれば運動員に対する買収となるおそれがある。

なお、未成年者の選挙運動は罰則をもって禁止（137条の2）されているため、絶対に未成年者をウグイス嬢等として届け出てはならない。

イ　員数

候補者一人につき1日50人を超えない範囲で、各選挙ごとに政令で定める員数の範囲内（公選法197の2②、公選令129③）。たとえば衆議院小選挙区選出議員、参議院議員又は都道府県知事の選挙では、1日最高50人、指定市の市長の選挙では、1日最高34人、都道府県議会議員、指定市の市議会議員及び指定市以外の市長の選挙では、1日最高12人、指定市以外の市議会議員の選挙及び町村長の選挙では、1日最高9人さらに町村の議会の議員の選挙では、1日最高7人などとなっている。

なお、選挙期間中を通じて、政令で定める員数の5倍を超えない延員数まで異なる者を届け出ることができる（公選法197の2②、公選令129⑦）。

ウ　支給額

事務員にあっては、一人1日につき10,000円以内、車上運動員及び手話通訳者にあっては、一人1日につき15,000円以内で、選挙管理委員会が定める額を超えることはできない。

ここに事務員とは、選挙運動のために使用される者で選挙運動に関する事務（たとえば、選挙事務所における電話の取次ぎ、出納責任者等の指示に基づく会計帳簿類の記載、各種書類の作成など）に従事する者をいい、総括主催者、出納責任者など選挙運動の中枢的立場にある者はそもそも事務員たりえない。また、事務員として雇用された者が、直接有権者に働きかけを行う、いわゆる電話作戦などの選挙運動に従事した場合、たとえそれが与えられた原稿棒読みであったとしても、報酬の支給は買収の推定を受けることになる。電話をかける行為は相手方との応答時間や電話を切るタイミングな

ど裁量にゆだねられる部分もあるし、候補者を当選させる目的がある以上は、選挙運動にあたらないとはいえないからである（名古屋高判昭和48.9.13）。

次に、車上運動員に関しては、ウグイス嬢のように車上における選挙運動を行うことを本務として使用（使用とは、必ずしも雇用契約関係である必要はなく、たとえば親類縁者などを人的関係に基づいて選挙運動に従事させるような場合も含まれる）される者を指し、車上における選挙運動を行うことを本務としない者（一般の選挙運動員）がそれに従事しても報酬を支給することはできない。

【CASEの検討】

「労務者」とは、専ら単純な機械的労務に従事する者であり、労務者として雇用された者であっても「電話作戦」などに従事した場合、もはや労務者とはいえない（前掲判例参照）。選挙人に対し直接に投票を勧誘する行為は、相手の反応に応じた判断を伴うものであり、機械的労務にはあたらない。したがってこれを行う者は選挙運動員であって、その者に報酬を支給することはできないことになる。また、交通費の支給は認められているものの、あくまで実費の弁償であるから、現実に要した金額を超えて支給することはできない。したがって、Aが選挙事務所までの交通費として全員に同額を支給したことについては、現実に要した金額を超えて実費弁償を行うことはできないところ、選挙区内の複数の市町村に居住している者の交通手段や距離が同じということは考えられないため、一律同額支給は明らかに違法である。

以上のことから、Aが労務者報酬を支給した行為及び実費弁償として全員一律に同額を支給した行為は、運動買収としての供与罪（法221条①Ⅰ。3年以下の懲役もしくは禁錮又は50万円以下の罰金）にあたることとなる。

別紙　法定選挙費用　地方公共団体の議会の議員及び長の選挙

選挙の種類	人数割額	固定額	法定制限額	備考
都道府県知事	7円	2,420万円（北海道にあっては3,020万円）	A＋固定額 A＝告示日における選挙人名簿登録者数×人数割額	Aの数値が固定額の1.5倍を超えるときは、法定制限額は、固定額の2.5倍の額
指定都市の市長	7円	1,450万円		
指定都市以外の市長・特別区（東京23区）長	81円	310万円		Aの数値が固定額の5倍を超えるときは、法定制限額は、固定額の6倍の額
町村長	110円	130万円		
都道府県議会議員	83円	390万円	A＋固定額 A＝告示日におけるその選挙区内の選挙人名簿登録者数÷その選挙区内の議員定数×人数割額	
指定都市の市議会議員	149円	370万円		Aが当該選挙区内において道府県の議会の議員の選挙が行われるものとして算出した場合のAを超えるときは、その超える額は法定制限額に算入されない。この場合の法定制限額は、道府県の議会の議員の法定制限額からそれぞれの固定額の差（390万円－370万円＝20万円）を控除した額となる。
指定都市以外の市議会議員・特別区（東京23区）議会議員	501円	220万円		Aの数値が固定額の2倍を超えるときは、法定制限額は、固定額の3倍の額
町村議会議員	1,120円	90万円		

※算出額に100円未満の端数があるときは、100円に切り上げ

【参照条文】
公職選挙法第194条、第196条、第197条、第197条の2、第221条、第227条、第247条、
公職選挙法施行令第129条

CASE

⑧ 公職の候補者等の寄附の禁止

① 甲山市長Ａは、同市内で開催された高校生のサッカー県大会に際して、自らが経費を支出して優勝トロフィーを作成し、大会実行委員長である妻の名義で乙川市代表のクラブチームに贈呈した。

② △△市選挙区の県議会議員Ｂは、△△市議会議員Ｃの父親の葬儀当日、所用があって出席できなくなったため、秘書に代理出席させて香典として金10万円を届けさせるとともに供花と花輪を出した。一方、Ｃは、香典返しとして県社会福祉協議会△△市支部（本部は県庁所在市の□□市）に金銭を供与した。

③ 町議会議員に立候補を予定しているＤは、町内に建設が予定されている県営の社会教育施設用地として、県に対し自己の所有する農地の無償貸付けの約束を行った。

④ 市議会議員Ｅの後援会長Ｆは、後援会員の出産に際し、自らが経費を支出してＥ名義で出産祝を贈った

⑤ 町内会役員Ｇは、以前から活動を支援している町議会議員に対し、地元神社の秋祭りのためのお神酒の提供を要求したが拒絶されたため、今後一切の交際を行わないなどと言って自宅に電話をかけるなど、執拗に要求を繰り返した。

【解説】

1 公職の候補者等の寄附の禁止

公職選挙法にいう「寄附」とは、前述（§6参照）のように金銭、物品その他の財産上の利益の供与又は交付、その供与又は交付の約束で党費、会費、その他債務の履行としてなされるもの以外の

ものをいう（公選法179条）。財産上の利益とは、経済的価値を有する利益全般を意味するから、債務の免除、労務の無償提供、不動産や自動車等の無償貸与、あるいは著名な芸能人の無料公演等もこれにあたることになる。

　公職の候補者等（§4参照）は、当該選挙区（選挙区がないときは選挙の行われる区域）内にある者に対し、いかなる名義をもってするを問わず、寄附をしてはならない（公選法199条の2①）。また、何人も、公職の候補者等に対して、当該選挙区内にある者に対する寄附を勧誘し、又は要求してはならない。これは、金のかからない政治の実現のために設けられた規定であり、平成元年の法改正によって規制が強化されている。

　ただし、次のような例外がある。

【候補者等の寄附の禁止の例外】
①政党その他の政治団体若しくはその支部に対してする場合
②当該候補者等の親族（6親等内の血族、配偶者及び3親等内の姻族）に対してする場合
③当該候補者等が専ら政治上の主義又は施策を普及するために行う講習会その他の政治教育のための集会に関し、必要やむをえない実費の補償としてする場合（したがって、アトラクション付きの集会などはこれに該当しないため禁止される）。ただし、（ア）参加者に対して供応接待（通常用いられる程度の食事の提供を除く）が行われるようなもの、（イ）当該選挙区外で行われるもの、（ウ）選挙前一定期間に行われるもの（公選法第199条の5第4項各号）は除かれる。

　「必要やむを得ない実費の補償」とは、たとえば選挙区内の過疎地で交通不便な場所において行う政治講習会に関し、候補者等がバスをチャーターしてその参加者を会場まで運ぶことや湯茶及びこれに伴い通常用いられる程度の茶菓を選挙区内にある者に対して提供することがあげられる。食事についての実費の補償はこれに含まれない。

(1) 「選挙区内にある者」とは、その者が選挙権を有すると否とにかかわらず、また、その区域内に住所又は居所を有する者だけでなく、一時的な滞在者も含み、自然人だけでなく、会社などの法人や同好会、クラブのような法人格なき社団その他の団体も含まれる。この法人等の場合には、その主たる事務所が選挙区内にあればもちろん、従たる事務所や支部の類が選挙区内にある場合にも「選挙区内にある者」に含まれる。また、市町村やその市町村を包含する都道府県、国もこれに含まれるから、候補者等が自己の選挙区内にある地方公共団体や国に寄附を行うことも罰則をもって禁止される（参議院比例代表選出議員選挙の候補者については、全国が対象区域となる）。

(2) 「寄附」とは財産上の利益の供与等にあたるものをさし、債務の履行としてなされるものは除かれる。候補者等が会費制の会合に出席した場合に当該会費を支払うこと、特定の団体の会員資格を得るために定められた額の会費を支払うことは、当該会費が提供されるサービス等に見合った妥当な対価の支払いであれば、それは債務の履行として差支えはない。しかしながら、会費の額を超えて支払いを行えば超えた部分は寄附ということになり、また、会費の額が提供されるサービス等に比して不相当に高額に設定されている場合（たとえばある団体の「特別会費」として一般の会費よりも社会通念上著しく高額な金銭を支払うような場合）はそれ自体が贈与的性質をもつものとして、寄附にあたる場合もある。葬儀や法事に際して僧侶に出される「お布施」については、所定の役務の提供に対する債務の履行と認められる限りは寄附にはあたらない。

また、「いかなる名義をもってするを問わず」とは、どのような理由をもってしてもという意味であり、政治活動に関しない通常の社交上の寄附であっても選挙区内にある者に対するものは罰則をもって禁止される。たとえば、祭りやスポーツ大会への差し入れ、新規開店の花輪贈呈、候補者等が氏子である神社

や檀家である寺の修復への寄進、社会的慣行としてのお中元・お歳暮、入学や出産に際してのお祝い、お餞別等や、共同募金への募金、地方公共団体から支給される歳費の自主的な返上なども寄附に該当し、罰則をもって禁止される。
(3) 本罪が成立するためには、寄附を受ける相手方の者において当該寄附が候補者等によって行われたことや当該選挙に関し行われたことを認識していたことは不要である（最判平成9.4.7。この事案は、再選をめざしていた現職市長が次期市長選挙に関して、「初盆参り」と称して現金各5,000円を市内の家庭に163回にわたり提供した行為について選挙に関し寄附を行ったものと認定されたものである）。

2 候補者等の寄附の禁止の罰則

　候補者等が前述の寄附をすることは次の①②③の場合は許されるが、その他はすべて罰則の対象となる（公選法249条の2 ①②③、253条）。ただし、①②③に該当するものであっても、当該選挙に関するもの又は通常一般の社交の程度を超えるものについては罰則の対象となる。なお、刑罰が科された場合、候補者等は原則として選挙権、被選挙権が一定期間停止されることとなる。

　「当該選挙に関し」とは、「当該選挙に関する事項を動機として」という意味であるから、「選挙運動に関し」（公選法139条参照）よりもその範囲が広い。また、「通常一般の社交の程度」とは、寄附の金額、相手方、交際の状況等により、社会通念上社交の程度と思われる程度のものをさす。たとえば平素何の交際もない相手方に対し選挙間近の時期に急に香典などを贈ることは通常一般の社交の程度とはいえないものと解される。

　①候補者等が結婚披露宴に自ら出席しその場においてする当該結婚に関する祝儀の供与
　　○祝儀を事前に相手方に届けたり、候補者等の秘書や配偶者などの親族が代理出席して祝儀を届けることは罰則をもっ

て禁止される
　　○祝儀は金銭でも品物でもよい
②候補者等が葬式（告別式を含む）に自ら出席しその場においてする香典（これに類する弔意を表するために供与する金銭を含む）の供与。
　　○香典を事前に相手方に届けたり、候補者等の秘書や配偶者などの親族が代理出席して香典を届けることは罰則をもって禁止される
　　○香典は金銭に限られるから、花輪、供花の提供や香典代わりに線香をもっていくことは罰則をもって禁止される
③候補者等が葬式の日（葬式が２回以上行われる場合にあっては最初に行われる葬式の日）までの間に自ら弔問しその場においてする香典の供与
　　○「通夜」に候補者等が自ら弔問しその場においてする香典の供与も差支えない

3 候補者等を名義人とする寄附の禁止

　候補者等以外の者が、候補者等を寄附の名義人として行う当該選挙区内にある者に対する寄附についても、いかなる名義をもってするを問わず禁止される（公選法199条の2②）。これは、候補者等以外の者があたかも候補者等が寄附をしているかのように相手方に思わせて脱法的な寄附を行うことを禁止するものである。たとえば、候補者等の秘書や後援会長などが候補者の名義によって寄附をすることがこれにあたり、候補者等の氏名入ののし紙を用いて金銭を供与したり、「○○先生からです」と言って贈答品を贈ることが典型例である。
　ただし、次のような例外がある
【候補者等を名義人とする寄附の禁止の例外】
①当該候補者等の親族（6親等内の血族、配偶者及び3親等内の姻族）に対してする場合

②候補者等が専ら政治上の主義又は施策を普及するために行う講習会その他の政治教育のための集会に関し、必要やむをえない実費の補償としてする場合（食事についての実費の補償を除く）

4 寄附の勧誘・要求の禁止

(1) 何人も、候補者等に対して、当該選挙区内にある者に対する寄附を勧誘し、又は要求してはならない（公選法199条の2③）。ただし、次の寄附を勧誘・要求する場合は除かれる。①政党その他の政治団体若しくはその支部に対してする寄附、②当該公職の候補者等の親族（6親等内の血族、配偶者及び3親等内の姻族）に対してする寄附、③当該候補者等が専ら政治上の主義又は施策を普及するために行う講習会その他の政治教育のための集会に関し、必要やむをえない実費の補償としてする寄附（食事についての実費の補償を除く）は除かれる。また、候補者等を威迫して勧誘し、又は要求すること、候補者等の当選又は被選挙権を失わせる目的で勧誘し、又は要求することは罰則の対象となる（公選法249条の2⑤⑥）。なお、「威迫」とは、相手方に不安の念を抱かせるに足る行為をすることであり、相手方の意思を制圧するに足る程度に至る必要はない。

(2) 何人も候補者等を寄附の名義人とする当該選挙区内にある者に対する寄附については、当該候補者等以外の者に対して勧誘、要求してはならない（公選法199条の2④）。ただし、次の寄附を勧誘、要求する場合は除かれる。①当該公職の候補者等の親族（6親等内の血族、配偶者及び3親等内の姻族）に対する寄附、②候補者等が専ら政治上の主義又は施策を普及するために行う講習会その他の政治教育のための集会に関し、必要やむをえない実費の補償（食事についての実費の補償を除く）としてする寄附
　また、当該候補者等以外の者を威迫して勧誘し、又は要求することは罰則の対象とされる（公選法249条の2⑦）。

ここに、「威迫」とは、「人に不安の念を抱かせるに足りる行為」をいう。

【 CASE の検討 】

※いずれも、選挙運動に関することを動機とした寄附ではないものとする

①について

　この場合、トロフィーの贈呈は市長の妻名義で行われているが、市長本人が出捐している以上、候補者等が行うものにちがいはない。また、寄附が禁止される「選挙区内にある者」とは、選挙区内に住所又は居所を有する者だけでなく、一時的な滞在者なども含まれ、選挙人である必要はない。

　このようなことから、寄附の相手方が、他市の高校生の団体であったとしても禁止される寄附に該当し、甲山市長Aは、公職の候補者等の寄附の制限違反（199条の2①、249条の2③。50万円以下の罰金）にあたる。

②について

　香典については、候補者等本人が葬儀に自ら出席してその場においてする香典の供与については罰則の適用はないが、Bのように秘書などの第三者に代理出席させてそれを供与することは罰則をもって禁止される。さらに、このケースのように香典として10万円もの金額を持参することは、社会通念上の香典の額とはかけ離れているため、通常一般の社交の程度を超えて寄附をしたものとして、選挙に関する寄附とみなされると思われる。この場合、たとえ候補者等が自ら出席して供与したとしても罰則（199条の2①、249条の2①②。1年以下の禁錮又は30万円以下の罰金）の適用がある。また、供花と花輪については、常時罰則をもって禁止される。

　次に、Cが香典として受領した金銭を県社会福祉協議会△△市支部へ供与する行為については、債務の履行としてなされるもの

ではない以上、寄附に該当する。そして、県社会福祉協議会のような法人・団体の主たる事務所は選挙区外にあったとしても、その従たる事務所（これに類似する機能をもつ出張所、付属施設の類も含む）が選挙区内に所在する法人については、やはり選挙区内にある者に該当することになる。このようなことから、Cについても公職の候補者等の寄附の制限違反（199条の2①、249条の2③。50万円以下の罰金）にあたる。

③について

「寄附」とは、「金銭、物品その他の財産上の利益の供与等」をいい、必ずしも有体物には限られない。土地を無償で借りた場合、通常支払うべき賃借料を支払わなくてすむことになり、賃借料相当分の利益を得たことになる。したがって、ケースの場合もこれと同様であり、県に対し自己の土地の無償貸付けを行うことは、県に対して利益を供与するものとして寄附にあたる。なお、地方公共団体とは、一定の区域と住民を構成員として成り立つ共同体であり、都道府県は市町村を包含する広域的地方公共団体であるから、どの市町村の区域においても都道府県という共同体の一部が存在していることとなる。このようなことから、都道府県は、当該市町村における県事務所の類の有無にかかわらず、「選挙区内にある者」にあたると解されている。

このようなことから、Dは、公職の候補者等の寄附の制限違反（199条の2①、249条の2③。50万円以下の罰金）にあたる。

④について

候補者等以外の者が、候補者等を寄附の名義人として当該選挙区内にある者に寄附をすることは、公選法199条の2②ただし書の場合を除き、いかなる名義をもってするを問わず禁止されている。したがってケースのように市議会議員の後援会長Fが当該議員の名義で寄附を行うことは、罰則をもって禁止される。なお、出産祝といった通常の社交上のものであっても禁止される寄

附に該当することはいうまでもない。
　このようなことから、Fは、公職の候補者等の寄附の制限違反（199条の2②、249条の2④。50万円以下の罰金）にあたる。
⑤について
　何人も公職の候補者等に対して、公選法199条の2③ただし書の場合を除き、当該選挙区内にある者に対する寄附を勧誘し、又は要求してはならないこととなっており、候補者等を威迫して勧誘、要求すると罰則の対象となる。町内会役員Gは、町議会議員に対し、寄附を要求していったんは拒絶されながら、「今後一切の交際を行わない」などと申し向けて執拗に迫ることは、「人に不安の念を抱かせるに足りる行為」としての威迫にあたると考えられる。
　このようなことから、Gは、公職の候補者等の寄附の制限違反（199条の2③、249条の2⑤。1年以下の懲役若しくは禁錮又は30万円以下の罰金）にあたる。内にある者に該当することになる。このようなことから、Cについても公職の候補者等の寄附の制限違反（199条の2①、249条の2③。50万円以下の罰金）にあたる。

【参照条文】
公職選挙法第199条の2、第249条の2

> CASE
>
> ### ⑨ 特定寄附の禁止、公職の候補者等の関係会社の寄附の禁止、公職の候補者等の氏名を冠した団体の寄附の禁止
>
> ① 県発注の土木工事の指名業者で、県道改良工事の一部を請け負っている手抜建設株式会社の代表取締役甲は、日頃から陳情等で世話になっている県議会議員乙への謝礼目的（注：贈収賄にはあたらないものと仮定）で、あわせて数ヶ月後に迫った任期満了に伴う選挙の資金にも役立ててもらおうと考え、乙に対し現金数百万円を手交した。一方、乙は同社が県の指名業者であることは知っていたが、現金受領の際、請負契約を締結していることは認識していなかった。
>
> ② 市議会議員甲山乙郎が代表取締役社長を務める山海商会株式会社が、市内で開催された市民駅伝大会に際し、会社の交際費から支出した現金を「寸志　山海商会　代表者　甲山乙郎」と記載された熨斗袋に入れて大会実行委員長に差し出した。なお、この際、社員が「甲山乙郎からです」と言って手渡したり、「甲山乙郎」の部分がことさらに大書されていたりした場合はどうか。

【解説】

1 特定の寄附の禁止

(1) 衆議院議員及び参議院議員の選挙に関しては国又は日本郵政公社と、地方公共団体の議会の議員及び長の選挙に関しては当該地方公共団体と、請負その他特別の利益を伴う契約の当事者である

者は、当該選挙に関し、寄附をしてはならない（公選法199条①）。これは選挙の公正を担保するためである。

① 「請負その他特別の利益を伴う契約」の「請負」は、民法上の請負よりも広く、土木事業等の請負契約のほか、物品の払下契約、物品の納入契約、特定の運送契約、施設の特別使用契約等も含まれると解されている。また、「特別の利益を伴う契約」とは、請負以外の契約の場合の要件であり、請負契約の場合には特別の利益の有無を判断する必要はない（昭和41.11.8福岡高裁宮崎支判）。

「当事者である」とは、寄附の当時契約が継続している場合を指す。

また「特別の利益」とは、得られる利益の金額や割合が通常よりも特別に大きい場合だけでなく、利益の割合は通常であっても、一般の者が参加できないような、得られる利益が特定の者に独占的に帰属する場合も含まれる。

② 「当該選挙に関し」とは、「選挙に際し選挙に関する事項を動機として」という意味であり、特定の候補者の当選を図るための選挙運動に関するものに限られず、選挙に関連する一切の寄附を含む。したがって、特定の候補者に対して寄附をする場合だけでなく、その候補者を推薦、支持する政党その他の政治団体に対して寄附することもこれに含まれると解される。寄附の時期も問わない。また、陳情の謝礼の趣旨で金銭を贈与したものであっても、同時に選挙に関する費用に充ててもらう趣旨で寄附として供与されたものであれば、「選挙に関して」寄附したものと認められる（前掲福岡高裁宮崎支判）。具体的にどのような場合がこれにあたるかは、当該寄附の趣旨、目的、寄附がなされた当時の状況等に応じて、個々の事案ごとに判断されることになる。

(2) 会社その他の法人が融資（試験研究、調査及び災害復旧に係るものを除く）を受けている場合において、当該融資を行なってい

る者が、当該融資につき、衆議院議員及び参議院議員の選挙に関しては国から、地方公共団体の議会の議員及び長の選挙に関しては当該地方公共団体から、利子補給金の交付の決定（利子補給金に係る契約の承諾の決定を含む）を受けたときは、当該利子補給金の交付の決定の通知を受けた日から当該利子補給金の交付の日から起算して1年を経過した日（当該利子補給金の交付の決定の全部の取消しがあったときは、当該取消しの通知を受けた日）までの間、当該会社その他の法人は、当該選挙に関し、寄附をしてはならない（公選法199条②）。

　ここでいう「利子補給金」とは、金融機関が特定の資金を必要とする者に対し公共的融資をした場合に、国又は地方公共団体からその金融機関に対し利子補給金として交付される金員をいう。直接利子補給金の交付を受けるのは金融機関であるが、それにより利益を受けるのは融資を受けている会社その他の法人であるから、規制を受けるのは、金融機関から利子補給金に係る融資を受けている会社その他の法人である。

(3)　何人も公選法199条に規定する特定人から寄附を受領、勧誘又は要求することも罰則をもって禁止されている（公選法200条、249条。3年以下の禁錮又は50万円以下の罰金）。たとえば、候補者等が県の請負業者等に対して寄附を要求したり、候補者等の後援会関係者が当該請負業者等に対して寄附を勧誘することがこれにあたる。とりわけ建設業者の場合、公共工事を請け負うことが多い以上、寄附を要求、勧誘する側も最低限、当該業者が地方公共団体と契約関係にあるかどうかを調査する義務があり、これを怠って寄附を受けたような場合には重過失ありとして処罰（公選法250条②）されるおそれがあると考えられる。

2 候補者等の関係会社等の寄附の禁止

　候補者等がその役職員又は構成員である会社その他の法人又は団体は、その選挙区内にある者に対し、いかなる名義をもってするを

問わず、これらの者の氏名を表示し又はこれらの者の氏名が類推されるような方法で寄附をしてはならない（寄附そのものを一切禁止する趣旨ではない）。ただし、政党その他の政治団体又はその支部に対して寄附をする場合はこの限りでない（公選法199条の3）。「いかなる名義をもってするを問わず」とは、会社その他の法人や団体の広告、宣伝その他いかなる理由によっても候補者等の氏名を表示し又は氏名が類推されるような方法で選挙区内にある者に対し寄附をすることができないということである。「これらの者の氏名を表示し」とは、上記ケース②のように甲山乙郎が山海商会株式会社の代表取締役社長である場合に、「山海商会代表者甲山乙郎」と表示することがこれにあたり、「氏名が類推されるような方法」とは、甲山乙郎が代表者である会社の社名が「甲山不動産株式会社」であるとした場合にこの社名を表示して寄附をした場合はこれにあたると考えられる。この寄附は選挙に関するものか否かを問わず禁止される。

なお、地方公共団体についてはこの規制の対象外であるが、仮に市が公費を用いて市内にある者に寄附をした場合（たとえば長寿者に対する記念品贈呈や葬儀における花輪の掲出）において「○○市長乙川三郎」と表示することは、乙川市長自身の行った寄附（199条の2により禁止）と誤解されるおそれがあるため、このような場合、「○○市」とのみ表示することが望ましいと解されている。

3 候補者等の氏名等を冠した団体の寄附の禁止

候補者等の氏名が表示され又はその氏名が類推されるような名称が表示されている会社その他の法人又は団体は、当該選挙に関し、その選挙区内にある者に対し、いかなる名義をもってするを問わず、寄附をしてはならない。ただし、政党その他の政治団体若しくはその支部に対し寄附をする場合又は当該候補者等に対して寄附をする場合はこの限りでない（公選法199条の4）。なお、現行の政治資金規正法では、政党以外の者に対して法人・団体が政治活動に

関する寄附を行うことは禁止（政治資金規正法21条）されていることにも注意が必要である。

【CASEの検討】

①について

　まず甲については、陳情等への謝礼目的とあわせて選挙資金にも役立ててもらおうと考えて任期満了日が近づいた時期に寄附を行っていることから、甲の行為は選挙運動に関し、寄附を行ったものと考えられる。県発注工事の請負業者は、県の選挙に関し候補者等や当該候補者等を推薦、支持する政治団体に対して寄附をすることが禁止されることから、甲の行為は、特定寄附の禁止違反（199条①、248条②。3年以下の禁錮又は50万円以下の罰金）にあたる。一方、県議会議員乙については、同社が県の指名業者であることを知っていた以上、現に請負契約を締結していることまでは認識していなかったとしても、県との契約関係の有無を確認する義務を負っているものと考えられる。それを調査することは、さほど困難を伴うものとは考えられないことから、寄附を受領したことについて重過失があると考えられる。したがって乙については、重過失により特定人からの寄附受領の禁止違反（200条②、249条及び250条。3年以下の禁錮又は50万円以下の罰金）を犯した者にあたる。

②について

「寸志　山海商会　代表者　甲山乙郎」と記載された熨斗袋に入れた現金を駅伝大会実行委員会に手渡した行為は、候補者等がその役職員等である会社等がその氏名を表示して寄附をしたことになる。そして、それが当該選挙に関して、すなわち市議会議員選挙に関する事項を動機として行われたものと認められれば、同社の役職員又は構成員として違反行為をした者には罰則（199条の3、249条の3。50万円以下の罰金）の適用がある。また、配布の際、社員が「甲山乙郎からです」と言って手渡したり、

「甲山乙郎」の部分がことさらに大書されていたりした場合は、候補者等を名義人とする寄附の禁止の違反（公選法199条の2②。本書§8参照）にもあたることとなる。

【参照条文】
公職選挙法第199条、第199条の3、第199条の4、第200条、第248条、第249条、第249条の3、第249条の4、第250条

CASE
⑩ 後援団体に関する寄附等の禁止

　市議会議員甲の政治活動を支援するとともに会員の親睦を設立目的とする後援会が、
① 　会員の不幸に際し、後援会長の名義で供花と香典を出した
② 　後援会主催のゴルフコンペの優勝者に外国製高級腕時計を贈呈した
③ 　市議会議員の任期満了日の2ヶ月前に後援会総会を高級ホテルで開催し、ホテル内においてコンパニオンによる接待を伴う宴会を行った（※選挙運動を目的とした供応接待ではないものとする）

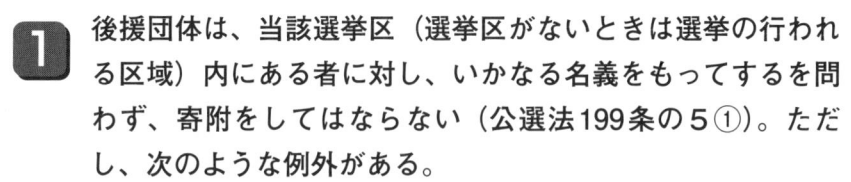

【解説】

1　**後援団体は、当該選挙区（選挙区がないときは選挙の行われる区域）内にある者に対し、いかなる名義をもってするを問わず、寄附をしてはならない（公選法199条の5①）。** ただし、次のような例外がある。
【後援団体の寄附の禁止の例外】
　①政党その他の政治団体若しくはその支部に対して寄附をする場合
　②当該候補者等に対して寄附をする場合
　　この場合においても、政治資金規正法の規制には服することとなるため、後援団体が候補者等に対し金銭又は有価証券による寄附を行うことは、選挙運動のためにする寄附を除き禁止される（政治資金規正法21条の2）。したがって、通常の政治活動に関する寄附は物品等によるもののみ許されることになる。
　③後援団体がその団体の設立目的により行う行事又は事業に関

し寄附をする場合。ただし、(ア) 花輪、供花、香典、祝儀その他これらに類するものとしてされるもの、(イ) 選挙前一定期間に行われるもの（公選法199条の5④各号。「選挙前一定期間」の意義は下記3参照）は除かれる。したがって、たとえば後援団体の設立目的に「会員の親睦」が入っており、その趣旨で行われる行事、事業の場合にあっても、花輪、供花、香典、祝儀等を出すことは罰則をもって禁止される。また、会員の親睦行事としてスポーツ交流会の類を後援会主催で開催した場合において、高額な賞品を贈ることは、後援団体の設立目的により行う行事又は事業に関する寄附とは認められ難く、むしろ (ア) の祝儀に当たる可能性があると解される。

(1) 「後援団体」とは、政党その他の団体又はその支部で、特定の候補者等の政治上の主義、施策を支持し、又はそれらの者を推薦し、若しくは支持することがその政治活動のうち主たるものであるものをいう。ただし、ここで「政党」が例示されてはいるが、現在のわが国の政党については、選挙時に特定の候補者を推薦、支持することは重要な活動ではあるものの、併せて諸般の政治活動を行っており、特定の候補者等の支持を「主たる目的」として活動しているとはいい難いことから、ここでいう「後援団体」にはあたらないと解されている。なお、福祉・文化等の政治活動以外の活動を主たる目的とする団体が従として政治活動も行っており、その政治活動の中では特定の候補者の支持・推薦が主たるものになっている団体も「後援団体」に該当する。

(2) 「設立目的により行う行事又は事業」とは、その団体の設立目的の範囲内において行う団体の総会その他の集会、見学、旅行その他の行事や印刷、出版などの事業をいう。

(3) 「花輪、供花、香典、祝儀その他これらに類するもの」とは、しきみ、法事等における供物や供物料、各種の式典における盛物等がある。

2 何人も、後援団体の総会その他の集会又は後援団体が行う見学、旅行その他の行事においては、選挙前一定期間、当該選挙区内にある者に対し、選挙に関すると否とにかかわらず、供応接待（通常用いられる程度の食事の提供を除く）又は金銭若しくは記念品その他の物品を供与することは禁止される。

「供応接待」とは、一般的には、酒食の供与、映画・演劇の鑑賞、温泉への招待あるいは異性による接待等で相手方に慰安快楽を与えることであり、通常用いられる程度の食事の提供はこれにあたらない。「通常用いられる程度」か否かは、その地域の生活環境や社交の程度、経済力のほか、土地の習慣、場所的、時間的条件を総合勘案して判断すべきものである（高松高判昭和47.6.14）。選挙間近な時期に後援団体の行事に名を借りて選挙人に対して供応接待をしたり物品を供与したりすることは、それが選挙運動として行われれば買収罪（本書§27参照）にあたるが、選挙運動目的ではない通常の政治活動として行われた場合においても、選挙運動と紛らわしいこういった行為は禁止されるのである。もちろんこのことは、「一定期間外」に行われたものであればいかなる場合も処罰の対象とならないというものではなく、供応接待等が選挙運動の趣旨で行われたものであれば、やはり買収罪が成立することとなる（最判昭和44.12.11）。

3 候補者等は、選挙前一定期間、自己の後援団体（政治資金規正法19条②による届出のされた団体（資金管理団体）を除く）に対して寄附をしてはならない。

公職選挙法199条の5④各号にいう一定期間とは、次のとおりであり、任期満了による選挙にあっては原則として任期満了の日前90日に当たる日から選挙期日までの間であるが、4年に1度の統一地方選挙の場合は特例が設けられ、原則として選挙の期日前90日に当たる日から当該選挙の期日までの間が禁止期間とな

る。
1　衆議院議員の総選挙にあっては、衆議院議員の任期満了の日前90日に当たる日から当該総選挙の期日までの間又は衆議院の解散の日の翌日から当該総選挙の期日までの間
2　参議院議員の通常選挙にあっては、参議院議員の任期満了の日前90日に当たる日から当該通常選挙の期日までの間
3　地方公共団体の議会の議員又は長の任期満了による選挙にあっては、その任期満了の日前90日に当たる日（90日特例による議員及び長の同時選挙の場合は任期満了の日前90日に当たる日又は同時選挙を行う旨の告示がなされた日の翌日のいずれか早い日）から当該選挙の期日までの間
4　衆議院議員又は参議院議員の統一対象再選挙又は補欠選挙にあっては、当該選挙を行う旨の告示がなされた日の翌日又は当該選挙期日（参議院議員の通常選挙と同時に行う場合は参議院議員の任期満了日）前90日に当たる日のいずれか遅い日から当該選挙期日までの間
5　その他の選挙にあっては、当該選挙を管理する選挙管理委員会がその事由発生の告示をした日の翌日から当該選挙の期日までの間

【 CASE の検討 】

①について
　後援団体の設立目的により行う行事又は事業に関し寄附する場合であっても、供花、香典を出すことは禁止されており、後援団体の役職員又は構成員として当該違反行為をした者は、後援団体に関する寄附の制限違反（199条の5①、249条の5①。50万円以下の罰金）にあたる。
②について
　後援会主催のゴルフコンペなどの行事において高額な賞品を贈ることは、後援団体の設立目的により行う行事又は事業に関する

寄附とは認められないと考えられる。したがって、公選法199条の5①ただし書により寄附が許される場合にはあてはまらず、後援団体の役職員又は構成員として当該違反行為をした者は、後援団体に関する寄附の制限違反（199条の5①、249条の5①。50万円以下の罰金）にあたる。

③について

地方公共団体の議会の議員の任期満了による選挙にあっては、任期満了日前90日に当たる日から通常用いられる程度の食事の提供を除く供応接待又は金銭、記念品その他の物品を供与することは禁止される。したがって、市議会議員の任期満了日の2ヶ月前（一定期間内）に高級ホテルにおいて接待を伴う宴会を行った後援団体の役職員又は構成員は、後援団体に関する寄附の制限違反（199条の5②、249条の5③。50万円以下の罰金）にあたる。

【参照条文】

公職選挙法第199条の5、第249条の5

> **CASE**
>
> ⑪ **特定公務員の選挙運動の禁止・公務員の地位利用による選挙運動の禁止・教育者の地位利用の禁止**
>
> ①　○○県税事務所徴収課に勤務するAは、職員組合が支持する県議会議員候補者に当選を得させる目的で、親類に電話で投票依頼を行うとともに当該候補者の街頭演説の場で応援弁士として演説した。
>
> ②　某県土木部次長Bは、現職知事甲を支援する目的で、部下である総務課長に対し、甲後援会入会申込書の様式を提示し、土木部内の職員を通じてその親類縁者を入会させるよう指示した。また乙町内の消防団長Cは、団員に対し甲後援会に加入するよう勧誘を行った。
>
> ③　私立高校の校長Dは、知事選挙に立候補した甲に当選を得させる目的で、同校で開かれたPTA総会の席上、保護者に対し甲への投票を依頼した。また、同校の教員Eは、Dの指示を受け、担任の社会科の時間に生徒に対して県政について考えると称して甲を支持する講話を行った。

【解説】

1 選挙運動を禁止される公務員

(1) 選挙事務関係者の選挙運動の禁止

　投票管理者、開票管理者及び選挙長は、在職中、その関係区域内において、選挙運動をすることができない。投票立会人、開票立会

人、選挙立会人には、この制限はない（公選法135条①）。
(2) 特定公務員の選挙運動の禁止
　①次の者は、在職中、選挙運動をすることができない（公選法136）。
　ア　中央選挙管理会の委員及び中央選挙管理会の庶務に従事する総務省の職員並びに選挙管理委員会の委員及び職員
　イ　裁判官
　ウ　検察官
　エ　会計検査官
　オ　公安委員会の委員
　カ　警察官
　キ　収税官吏及び徴税の吏員
　②公務員法による政治的活動の制限
　　次の公務員は、それぞれの公務員法により選挙運動が規制されている
　ア　一般職の国家公務員（顧問、参与、委員、会長、副会長、評議員等で臨時又は非常勤のものを除く）（国家公務員法）
　イ　一般職の地方公務員（禁止されるのは、当該職員の属する地方公共団体の区域。ただし、都道府県の支庁、地方事務所、指定都市の区に勤務する職員についてはそれらの管轄区域内）（地方公務員法）
　ウ　国立学校及び公立学校の教職員（教育公務員特例法）
　　　地方公務員の場合を例にとると、地方公務員法第36条では、下記の行為について規制対象としている。
　　　○職員の行う政党等に関する行為として、
　　　　ア　政党その他の政治的団体の結成に関与すること
　　　　イ　政党等の役員となること
　　　　ウ　政党等の構成員となるようにまたはならないように勧誘運動をすること
　　　○特定の政党その他の政治的団体、特定の内閣、地方公共団体

の執行機関を支持、反対する目的あるいは、公の選挙又は投票において特定の人・事件を支持、反対する目的をもって、
ア　公の選挙又は投票において投票をするように、又はしないように勧誘運動をすること
イ　署名運動を企画、主宰する等により積極的に関与すること
ウ　寄附金その他の金品の募集に関与すること
エ　文書・図画を地方公共団体等の庁舎、施設等に掲示し、また掲示させ、その他地方公共団体等の庁舎、施設、資材又は資金を利用し、または利用させること
オ　その他条例で定める政治的行為をすること

　この結果、民間人であれば選挙期間中は規制されない行為であっても、地方公務員法上の「勧誘運動」にあたると認められる行為は行うことができない。たとえば個人演説会や街頭演説の場において応援演説や司会を行うこと、選挙運動用自動車上の連呼行為、通常葉書に推薦人として自分の氏名を掲載することなどは禁止されることとなる。なお、たまたま路上であった友人に投票依頼をするとか、特定の人に電話で投票依頼するといった、計画性、継続性又は組織性を有しないものについては「勧誘運動」にはあたらない。

③不在者投票管理者は、不在者投票に関し、その者の業務上の地位を利用して選挙運動をすることができない（公選法第135②）。たとえば、不在者投票のできる指定施設の病院長が不在者投票管理者となっている場合に、病室に自らが支持する候補者の室内ポスターを掲示させたり、看護職員等に指示して入院者に特定候補への投票を依頼させたりするようなことがこれにあたる。さらに、国公立病院の場合には、上記公務員法による規制もある。

2 公務員等の地位利用による選挙運動の禁止

(1) 一般職、特別職を問わず、国又は地方公共団体のすべての公務員（国民生活金融公庫、住宅金融公庫、農林漁業金融公庫、中小企業金融公庫、公営企業金融公庫又は沖縄振興開発金融公庫の役員職員を含む）は、

①その地位を利用して選挙運動をしてはならない。

②候補者等を推薦、支持する目的でする選挙運動類似行為は、地位利用による選挙運動とみなされる。

「すべての公務員」とは、およそ国又は地方公共団体の事務又は業務に従事する身分的契約関係にある者はすべて含まれ、国会議員、首長や議員はもちろん、消防団員、民生委員といった非常勤の者も含まれる。

「地位を利用して」とは、その公務員としての地位にあるがために特に選挙運動を効果的に行い得るような影響力又は便益を利用する意味であり、職務上の地位と選挙運動又は選挙運動類似行為が結び付いている場合をさす。

地位利用に該当すると認められる典型事例としては次のようなものがある（あくまで例示でありこれに限定されるわけではない）。

　ア　補助金・交付金等の交付、融資のあっせん、物資の払下げ、契約の締結、事業の実施、許認可、検査、監査その他の職務権限を有する公務員が、地方公共団体、外郭団体、請負業者等の関係団体や関係者に対し、その職務権限に基づく影響力を利用すること。

　イ　公務員が部下又は職務上の関係のある公務員に対し、職務上の指揮命令権、人事権、予算権等に基づく影響力を利用すること。

　ウ　官公庁の窓口で住民に接する職員や世論調査等のため各戸

を訪ねる職員が、これらの機会を利用して住民に働き掛けること。

　なお、市町村長などの特別職の公務員が選挙運動用通常葉書やポスターに単に推薦人として職名と氏名を記載すること、演説会や街頭演説において単に職名を名乗ることは直ちに地位利用にはあたらないが、専ら上記アまたはイの者を対象としてこれを行えば、地位利用に当たることもありうる。

(2)　選挙運動にわたらない行為であっても、候補者等を推薦、支持又は反対する目的で、また候補者になろうとする(1)の公務員等が候補者等として推薦、支持される目的をもってする選挙運動類似行為については、公務員の地位利用による選挙運動とみなされて罰則（公選法239条の2　2年以下の禁錮又は30万円以下の罰金）をもって禁止される。これには次のような類型がある。

　ア　その地位を利用して、候補者の推薦に関与し、関与することを援助し、又は他人をしてこれらの行為をさせること

　イ　その地位を利用して、投票の周旋勧誘、演説会の開催その他の選挙運動の企画に関与し、その企画の実施について指示し、指導し、又は他人をしてこれらの行為をさせること

　ウ　その地位を利用して、後援団体を結成し、その結成の準備に関与し、その後援団体の構成員となることを勧誘し、若しくはこれらの行為を援助し、又は他人をしてこれらの行為をさせること

　エ　候補者等を推薦、支持等することを申し出、又は約束した者に対し、その代償として、その職務の執行に当たり、利益を与え又は与えることを約束すること

　留意すべきは、「地位利用」の違反の対象となる公務員は、必ずしも固有の職務権限として意思決定をなし得る者であることを必要とせず、権限ある上司への報告、意見具申などにより密接かつ重要な関係において補佐する立場にある者（いわゆる中間管理職）も含まれうるということである（福岡高判昭和42.5.23）。

つまり、行政組織上の事務分担に基づく決裁権限を有している必要は必ずしもないことになる。近年、この種の違反の検挙事例が増加傾向にあり、国、地方公共団体を問わず、全庁的なコンプライアンス体制の構築が不可欠である。

選挙運動類似行為の具体例としては、次のようなものが挙げられる（なお、「○○県○○部長」は、単なる例示であり、国又は地方公共団体の課長、係長、その他の職員も同様である）。

　ア　○○県○○部長が、職務上の関係のある団体に対し、特定候補者の推薦決議をするように干渉すること。

　イ　○○県○○部長が、職務上関係のある出先機関、市町村等に投票の割当てを指示すること。

　ウ　○○県○○部長が、部下職員に対し、特定候補者の後援会に参加することを要請すること。

　エ　○○県○○部長が、特定候補者の支持の申出をした市町村長に対し、その代償として当該市町村に所管の補助金を増額交付したり、交付を約束すること。

(3)　教育者の地位利用の選挙運動の禁止

教育者は、学校の児童、生徒及び学生に対する教育上の地位を利用して選挙運動をすることができない（公選法137条）。違反者には罰則（1年以下の禁錮又は30万円以下の罰金）の適用がある（公選法239条）。「教育者」とは、学校教育法（1条、2条）に規定する学校の長及び教員であり、国公立のみならず、私立の学校の長及び教員も含まれる。国公立の学校の長及び教員については、教育公務員特例法により一般的に選挙運動が禁止されているが、私立学校の長及び教員の場合、教育者としての地位を利用した選挙運動を行うことが禁止される。なお、予備校、料理学校など専修学校、各種学校（学校教育法83条）の教員あるいは、保育所の所長・保育士（児童福祉法39条）についてはここでいう教育者には含まれない。ただし公立保育所の場合、保護者への働きかけ等が前述の公務員の地位利用による選挙運動にあた

ることがある。

「教育上の地位を利用して」とは、教育者としての影響力、精神的感化力を利用することであり、児童・生徒・学生を選挙運動に動員することはもちろん（未成年者の場合、未成年者の選挙運動は禁止される）、担任する授業・講義等において特定の候補者を支持する話しをするといった直接的なものだけでなく、PTAの会合の席上で選挙運動を行うといった、子弟に対する教育者としての地位を利用して保護者に働きかけを行うような場合もこれに含まれる。

【CASEの検討】

①について

収税官吏（国税の賦課徴収）、徴税吏員（地方税の賦課徴収）については、在職中選挙運動が禁止される特定公務員にあたることから、県税事務所に勤務するAが電話による選挙運動や応援演説を行うことは、特定公務員の選挙運動の禁止（136条、241条Ⅱ。6月以下の禁錮又は30万円以下の罰金）に違反する。

②について

部下職員に対して職務上の指揮命令権、人事権など包括的な監督権を有する立場の公務員が現職知事を支援する目的で、後援会の新規会員獲得を指示することは、まさに、「その地位を利用して、他人をして後援団体の構成員となることを勧誘、援助させたこと」に該当する。このケースの次長Bのような組織のトップではなくとも、密接かつ重要な関係において補佐する立場にある者が影響力を行使することも地位利用に含まれる。

また消防団員のような非常勤特別職には地方公務員法の対象外であるが、本条の規制は受けるため、消防団長たるCが、部下の団員に対し後援会加入を勧誘することも「その地位を利用して、後援団体の構成員となることを勧誘」することに該当する。

このようなことから、B、Cいずれも公務員の地位利用による

選挙運動類似行為（136条の2②、239条の2②。2年以下の禁錮又は30万円以下の罰金）にあたる。

③について

　学校教育法（1条、2条）に規定する私立学校の長及び教員についても教育上の地位を利用して選挙運動をすることは禁止される。私立高校長Dは、特定の候補者に当選を得させる目的で、在校生の保護者に対し甲への投票を依頼していること、また、同校教員Eは、授業時間を利用して生徒に対し特定の候補者を支持する講話を行っていることから、いずれも直接又は間接に教育者としての影響力を行使したものと考えられる。このため、いずれも教育者の地位利用（137条、239条①。1年以下の禁錮又は30万円以下の罰金）にあたる。

【参照条文】

公職選挙法第88条、第135条、第136条、第136条の2、第137条、第239条、第239条の2、第241条

CASE

⑫ 未成年者の選挙運動の禁止・選挙権及び被選挙権を有しない者の選挙運動の禁止

① 市議会議員Aは、選挙期間中、春休み中の大学生の長女B子（19歳）を選挙運動用自動車に乗車させて所定の原稿を読み上げるだけの連呼行為や、街頭演説の場所における選挙人へのあいさつ、握手などを行わせた。

② 昨年行われた知事選挙において買収の罪を犯し、同年中に罰金刑が確定したため選挙権・被選挙権を停止されているCは、親類が立候補した地元の町議会議員選挙において支援活動を依頼されたため、町内会の会合の場で時間をもらって親類の候補者への支援をよびかけた。

【解説】

1 未成年者の選挙運動の禁止

　未成年者（満20歳未満の者）は、いっさい選挙運動をすることができない。また、何人も未成年者を使用して選挙運動をすることができない（公選法137条の2）。これは、心身未成熟な未成年者を保護しようとするものである。なお、「使用」とは、雇用契約が存在することは必ずしも必要なく、親戚知人関係の活用や会社の上司と部下といった社会的地位の活用など相手方に対し支配管理を及ぼしうるものであればよい。

　未成年者が街頭演説や個人演説会で弁士として演説するなど選挙人に直接働きかける行為は、たとえ与えられた原稿をそのまま読み上げる行為であっても違法となる。また、特定候補者の選挙運動の

ために未成年者にビラなど文書図画の頒布を行わせることについても同様である。組合、会社などが組織活動としてなした行為でも違法であることに変わりはない（名古屋高裁金沢支部判昭和30.4.30）。

　これらの場合、選挙運動に従事させた者だけでなく、従事した未成年者にも罰則の適用がある。さらに未成年者が報酬として「アルバイト料」をもらったりすれば、買収罪の一種である収受罪として処罰されることとなる（「法律を知らなかった」という弁解はまず通用しない。違法性の錯誤は原則として犯罪行為の成立に影響を及ぼさないからである（刑法第38条③））。とりわけ学生たちは、選挙運動に関連する「アルバイト」については、従事する内容によっては知らないうちに選挙犯罪に陥る危険性があることを認識しておかなければならない。

　しかし、未成年者であっても葉書の宛名書き、文書発送、湯茶接待、自動車の運転といった機械的な労務に使用することは差し支えない（「労務」の意義については本書§17参照）。この点に関し、選挙告示後に後援会においてアルバイトとして採用した学生に無差別に各戸訪問させて候補者の略歴や顔写真の印刷されたしおり及び葉書を配布して後援会加入を呼びかけ、事後に有権者の感触を報告させた事案に関し、後援会活動の外形を借りた選挙運動の実質を持つもので、機械的ないし肉体的労務と評価することはできない旨判示して未成年者使用選挙運動罪の成立を認めた判例がある（大阪高判平成4.6.26）。このことは、選挙運動該当性の有無が行為の外形ではなく、具体的態様により実質的に判断されることを意味しており、結局、事実認定に負うところが大きいということになる。

2 選挙権及び被選挙権を有しない者の選挙運動の禁止

　公職選挙法又は政治資金規正法違反の罪を犯したために選挙権及び被選挙権を有しない者（公職選挙法252条、政治資金規正法28

条）は、選挙運動をすることができない（公選法137条の3）。なお、選挙犯罪以外の一般犯罪によって選挙権及び被選挙権を有しない者は、選挙運動を禁止されていない。

> 【CASEの検討】
> ①について
> 　連呼行為や演説など選挙人に直接働きかける行為は、たとえ与えられた原稿をそのまま読み上げる行為であっても選挙運動にあたり、未成年者を使用して行うことは禁止される。このケースではAについては、未成年者を選挙運動に使用したことにより、B子については、未成年者が選挙運動をしたことにより、それぞれ罰則（137条の2①②、239条。1年以下の禁錮又は30万円以下の罰金）の適用がある。
> ②について
> 　このケースの幕間演説のような一般人には許される選挙運動であっても、公職選挙法第252条又は政治資金規正法第28条の規定により選挙権及び被選挙権を停止されている者は、行うことができない。選挙犯罪により罰金刑に処せられた者は、裁判確定の日から5年間選挙権・被選挙権を有しない（本書§35参照）。Cは、昨年公職選挙法違反で罰金刑が確定したということであるから、選挙権・被選挙権の停止期間中であり、当該期間中に選挙運動を行うことは、罰則（137条の3、239条①Ⅰ。1年以下の禁錮又は30万円以下の罰金）の適用がある。

【参照条文】
公職選挙法第137条の2、第137条の3、第239条①Ⅰ

> **CASE**
> **⑬ 戸別訪問**
>
> 　市議会議員選挙の候補者Ａの選挙運動員10数名がしめしあわせて、日時を異にしてそれぞれが不特定多数の選挙人の自宅又はその勤務先の職場を１箇所だけ訪問して、個人演説会への来聴を依頼した。しかし、訪問した数戸については不在又は面会を拒否されたため、屋内に立ち入ることができなかった。

【解説】
　戸別訪問が禁止されているのは、買収、利害誘導などの違反行為を行う機会となりやすいこと、候補者、選挙人ともにその煩に堪えない等の弊害が予想されるためとされている。戸別訪問禁止規定については、以前から批判的な学説も少なくなく、戸別訪問禁止を違憲とした下級審判例も複数存在するが、最高裁判所は一貫してこれを合憲と解している（最判昭和25. 9. 27、同昭和42. 11. 21、同昭和54. 7. 5）。本書では憲法論や立法論には立ち入らず、現行規定の概要を解説するにとどめる。

1 戸別訪問

　何人も特定候補者のために投票を依頼し、あるいは投票しないように依頼する目的で、戸別訪問をすることはできない（公選法138条①）。「○○さん（○○党）をよろしく」と言えば投票依頼の趣旨が含まれることになる。したがって、「当選を得しめ又は得しめない」目的よりは狭いことから、たとえば選挙運動を依頼する目的（大判昭和7. 10. 20）や他派の選挙情勢の調査目的（大判昭和7. 3. 30）で訪問することは含まれない。また、投票依頼の目的をもたずになんらかの用事があって訪問した際にたまたま選挙の話題にな

り、特定の候補者への投票を依頼したとしても戸別訪問にはあたらない。これに対し、たとえば新聞購読勧誘など別の用件と投票依頼の目的を合わせ有して訪問した場合も戸別訪問にあたるとする判例がある（東京高判昭和36.9.15、東京高判昭和43.3.5他）。

　「戸別訪問」とは、連続して2戸以上の選挙人の居宅又はこれに準ずる場所を訪問することを意味しており（最判昭和43.11.1）、選挙人宅を訪問するだけでなく、会社の事務室、工場などを訪問する場合も含まれる。1戸のみ訪問するつもりで1戸のみ訪問した場合は戸別訪問にはあたらないが、数人が相互に意思を通じて1戸のみを訪問した場合はこれにあたる。また、時間的に密着して次々と訪問しなくとも、日時を異にして2戸以上訪問した場合でも戸別訪問にあたる。これに対し、2戸以上訪問する目的で最初の1戸のみ訪問した場合に本罪が成立するか否かについては見解が分かれているが、前記最高裁判所の判例は少なくとも2戸以上訪問することが必要であるとして消極に解している。

　「訪問」とは、必ずしも家宅に立ち入らなくとも、相手方の家屋の軒先や道路に接して建てられている門のない家屋の道路ばたで面会を求めれば足り、相手方が不在であったり面会を拒絶されたりしても既遂となる。

　しかし、たまたま屋外の敷地内に出ていた選挙人に、道路上から声をかけて投票を依頼した場合については戸別訪問には当たらない（最判昭和43.11.1）。

2 戸別訪問類似行為

　戸別訪問に類似する次のような行為も戸別訪問とみなされる（公選法138条②）。

(1)　選挙運動のために、戸別に、演説会の開催又は演説を行うことについて告知をする行為
(2)　選挙運動のために、戸別に、特定の候補者の氏名又は政党その他の政治団体の名称を言い歩く行為

3 個々面接

　戸別訪問と紛らわしいものに個々面接というものがある。これは、商店、病院等において、そこの店員、医師等が来客者に投票を依頼したり、あるいは街頭で行き会った人や、電車・バス、デパートの中でたまたま出会った知人等に投票の依頼をすることをいう。個々面接は禁止されていないため、選挙期間中は自由に行うことができる（当然、選挙の公示又は告示前に行えば事前運動として処罰される。また、個々面接の範囲を超え、演説や連呼行為にわたる行為についてはそれぞれ公職選挙法の定める規制に従う必要がある。したがって電車、バスの中や駅構内などで不特定多数の乗客に投票を呼びかけるような行為は禁止される。本書§22参照）

【CASEの検討】

　複数の者が相互に意思を通じて1戸を訪問し、演説会の開催について告知していることから、戸別訪問類似行為として、戸別訪問の禁止違反にあたり、罰則（138②、239条Ⅲ。1年以下の禁錮又は30万円以下の罰金）の適用がある。なお、相手方の不在や面会拒否といった事情は本罪の成立に影響を及ぼさない。

　とりわけ、本件のように組織的に10戸以上の多数を訪問する行為は違法性が強いと考えられる。

【参照条文】
公職選挙法第138条、第239条①Ⅲ

●事例解説 すぐわかる選挙運動

> # CASE
> ## ⑭ 署名運動、人気投票の公表
>
> ① 山川ダム建設の是非をめぐってダム建設賛成、反対両派の候補者の一騎打ちとなっている市長選挙の期間中、「ダム建設中止」を選挙公約とし、スローガンとして呼びかけを行っている候補者を支援者数名が、当該候補者の得票を少しでも増やすことができればよいと考え、街頭において「ダム建設に反対します」との記載のある署名簿を提示し、「ダム建設反対の署名をお願いします」と言って署名を収集した。また自宅近隣の各戸を訪問して同様に署名を収集した。
>
> ② 大学教員Aは、研究活動の一環として自分の開設するホームページ上においてネット投票を行うこととして次のような質問項目を設け、その結果をホームページで公開した。
> 　「・あなたは、今年市長選挙があることを知っていますか（知っている、知らない）、・市長選挙に関心がありますか（関心がある、関心がない）、・次期市長選挙に甲川太郎氏（現在1期目）の再選を望みますか（賛成、反対、わからない）、・甲川太郎氏の再選に賛成（反対）の理由を具体的に記載してください（　　）…」

【解説】

1 署名運動

　署名運動とは、一定の目的をもって2人以上の者から署名を収集する行為をいう。何人も、選挙に関し、投票を依頼したり、投票を得させないように依頼する目的で署名を収集することは禁止されて

いる（公選法138条の2）。投票を依頼したり、投票を得させないように依頼する目的で行う限り、特定の者の後援会加入、特定の政策等への賛否などその名目が何であれ禁止される。「署名」とは正式の氏名の自書だけでなく、商号、雅号なども含まれ、氏名の記載に代えて選挙人の押印を求める行為も署名を収集する行為にあたる。

また、「選挙に関し」とは、選挙に関する事項を動機としてという意味であり、選挙期間中に特定の施策に関し、たとえば「ダム建設反対」、「労働法制改正反対」といった署名運動を行うことのみでは「選挙に関し」にはあたらないが、特定の選挙において、特定の政党や候補者が特定の政見、スローガン等を掲げて選挙運動を展開している場合に、特定の政策の賛否についての署名収集活動を行うことがとりもなおさず、当該候補者の投票を得る目的と認められる状況にあれば、これに該当する可能性があると解される（最判昭和43.12.24同旨）。どのような場合が禁止される署名運動に該当するかという点については、署名活動の行われた時期、場所、方法、署名を求める相手方の範囲等、諸般の事情から認定されることとなると思われる。

なお、他の署名運動との関係については、議員・首長のリコール請求など地方自治法に定める直接請求のための署名の収集については、選挙運動目的の有無に関わらず、選挙の区分ごとに一定期間署名収集活動が禁止されている（地自法74⑥、地自法施行令92⑤）。

(1) 任期満了による選挙
    任期満了の日前60日に当たる日（※ただし、統一地方選挙の場合は特例が設けられ、原則として選挙の期日の60日前から禁止期間となることに注意）
(2) 衆議院の解散による選挙
    解散の日の翌日
(3) 市町村の設置による選挙
    市町村の設置の日

(4) 市町村合併等による増員選挙
増員条例施行の日又は市町村合併の特例に関する法律の規定によるものにあっては合併の日
(5) その他の選挙
当該選挙を管理する選挙管理委員会が選挙を行うべき事由が発生した旨を告示した日の翌日

2 人気投票の公表の禁止

　何人も、選挙に関する事項を動機として、公職に就くべき者を予想する人気投票の経過又は結果を公表することは禁止されている（公選法138の3）。「公表」とは、不特定又は多数人の知り得る状態におくことをいう。公表の手段は、新聞紙・雑誌、演説、通常の文書、インターネット等いっさいの方法を問わず禁止される。
　「何人も」であるから、新聞社や雑誌社がこれを行うこともできない。なお、これら報道機関が世論調査や独自の取材に基づいて行ったデータを基に報道評論としての選挙の予測記事を掲載することは、直ちにここにいう人気投票に当たるものではない。

【CASE の検討】
① 特定の選挙において、特定の候補者が特定の政策やスローガンを掲げて選挙運動を展開している場合に、その政策等について署名収集活動を行うことが当該候補者の投票獲得につながる状況にあれば、禁止される署名運動に該当する可能性がある。このケースのようにダム建設の是非をめぐって賛成、反対両派の候補者の一騎打ちとなっている市長選挙期間中において、特定候補者の当選に資する目的で、候補者の掲げる政見や選挙公約と同様なテーマで署名収集活動を行うことは、署名運動の禁止違反にあたるおそれがあるものと考えられ、罰則（138条の2、239条。1年以下の禁錮又は30万円以下の罰金）の適用がある。

② 人気投票の結果公表は何人も禁止されることから、研究者等が行うこともできない。Aの行為は、自分の開設するホームページ上において、次期市長選挙に現職市長の再選について賛成、反対の意思表示を求めていることから、まさに「選挙に関し、公職に就くべき者を予想」する人気投票であり、その結果を公表していることから、人気投票の公表の禁止違反にあたり、罰則（138条の3、242条の2。2年以下の禁錮又は30万円以下の罰金）の適用がある。

【参照条文】
公職選挙法第138条の2、第138条の3、第239条、第242条の2

> # CASE
> ## ⑮ 飲食物の提供
>
> ① Aは支援する候補者甲の陣中見舞いとして選挙事務所に一升瓶入の清酒を差し入れ、選挙運動員Bは、この清酒を湯呑みに入れて来訪者に提供した。
> ② 選挙期間中、選挙運動員C、Dは生野菜、肉類を持ち込み選挙事務所内で夜食としてカレーを作って自らが食するとともに来訪者にも提供した。
> ③ 市議会議員の選挙期間中、出納責任者Eは、選挙運動員甲に朝、昼2食計1,900円相当の弁当を提供し、さらに弁当料の実費弁償として1日あたり3,000円を支給した。なお、甲は夕食については、自費で1,500円相当の食事をしていた。

【解説】
　何人も、選挙運動に関し、いかなる名義をもってするを問わず、湯茶及びこれに伴い通常用いられる程度の菓子を除き、飲食物を提供することができない（公選法139条）。

1 飲食物の提供の禁止

(1)「選挙運動に関し」とは、選挙運動に関することを動機としてなされれば足り、当選を得させる目的があることは要しない（「選挙に関し」よりは狭いが、「選挙運動のために」よりは広い）。なお、「選挙運動のために」飲食物を提供すればそれは買収罪にあたる。本条は、飲食物の提供が選挙運動にあたらない場合にもそれを規制することにより、選挙運動費用の増加と飲食物の提供に伴って発生する買収のおそれ等の弊害を抑制しようとするものである。この点に関し、県議会議員選挙の候補者に対して立候補届

出前にブランデー瓶48本、告示日に清酒一升瓶10本を選挙人等に飲酒させるなり配布するなりすればよいとの趣旨で提供した支援者の行為は、選挙運動に関して使用することを提供の動機としたものと認定した判例がある（最決平成2.11.8）。
(2) 「何人も」禁止されるものであるから、候補者が選挙運動員や労務者に対して慰労のために提供することや候補者又は選挙運動員が選挙事務所への来訪者など第三者に提供することだけでなく、第三者が候補者に対して陣中見舞のような形で差し入れを行うことも禁止される。
(3) 「飲食物」とは、なんら加工しなくともそのまま飲食に供しうるものをいい、料理、弁当、酒、ビール、サイダーなどの清涼飲料水、菓子、果物等をいう。

2 提供が許される飲食物

(1) 湯茶及びこれに伴い通常用いられる程度の菓子

｢湯茶及びこれに伴い通常用いられる程度の菓子｣とは、たとえばせんべい、まんじゅう等のお茶うけ程度のものであり、高級菓子などは含まれない。みかんやりんごといった果物も含まれる。なお、提供した湯茶、菓子の経費は消費税相当分も含めすべて選挙運動費用に算入しなければならない。

(2) 選挙事務所において提供する弁当

弁当の提供は、次のような制限に従って行うことができる（公選法139条ただし書、公選令109条の2、129条）。なお、提供することができるのは支出権限を有する出納責任者であり、それ以外の者が提供する場合は出納責任者の文書による承諾を得ておかなければならない。

　ア　提供できる期間は、立候補の届出後から選挙期日の前日までであること。

　　したがって、選挙当日の提供は禁止される。

　イ　選挙事務所で食事するための弁当又は選挙運動員若しくは労

務者が携行するための弁当で、いずれも選挙事務所で渡すものであること。したがって、提供できる相手は、選挙運動員と労務者に限られ、陣中見舞に来た選挙人には渡すことはできない。また、選挙運動員や労務者であっても、近隣の食堂や喫茶店等に連れて行って食事をさせることはできない。

ウ　弁当の価格については、政令で定める基準に従って選挙管理委員会が定めて告示した弁当料の金額以内であること。政令で定める基準は、1食当たり1,000円、1日当たり3,000円である。

エ　弁当の数については、候補者1人あたり15人分（45食分）（設置できる選挙事務所の数が1を超える場合においては、1を増すごとに6人分（18食分）を加えたもの）に、選挙の期日の公示日又は告示日から選挙の期日の前日までの日数を乗じて得た数の範囲内であること。この範囲内であれば配分は自由である。

オ　選挙運動員に弁当を提供した場合は、その者に実費弁償として支給できる弁当料の額は、選挙管理委員会が定める1日当たりの弁当料の制限額から提供した弁当の実費相当額を差し引いた額までであること。また、労務者に弁当を提供した場合には、報酬から提供した弁当の実費相当額を差し引かなければならない。

　なお、衆議院比例代表選出議員の選挙においては、本条ただし書において適用が除外されているため、選挙運動員等に対して弁当を提供することはできない。

【 CASE の検討 】

①について

　選挙運動に関し飲食物を提供することは、何人も禁止されるものであるから、第三者が候補者に対して提供することも禁止される。また、提供できる例外は湯茶及びこれに伴い通常用いられる

程度の菓子であるから、たとえ湯呑みに入れたとしても清酒を提供することはできない。したがってＡが選挙事務所に清酒一升を差し入れた行為、選挙運動員Ｂが清酒を湯呑みに入れて来訪者に提供した行為ともに、禁止される飲食物の提供にあたり、罰則（139条、243条Ⅰ。２年以下の禁錮又は50万円以下の罰金）の適用がある。

②について

野菜、肉類など材料を持ち込んで調理したものを選挙運動員らが自ら食することは禁止されないが、それを第三者に提供することはできない。Ｃ、Ｄが来訪者に提供した行為は、禁止される飲食物の提供にあたり、罰則（139条、243条Ⅰ。２年以下の禁錮又は50万円以下の罰金）の適用がある。

③について

選挙運動員や労務者に提供できる弁当の価格については、選挙管理委員会が告示した弁当料の金額以内であり、１食当たり1,000円、１日当たり3,000円が限度額である。選挙運動員に弁当を提供した場合は、その者に実費弁償として支給できる弁当料の額は、選挙管理委員会が定める１日当たりの弁当料の制限額3,000円から提供した弁当の実費相当額を差し引いた額までで、かつ１食あたりの制限額1,000円を超えることはできない。したがって、ケースの場合、たとえ運動員が自費で1,500円相当の食事をとっていたとしても、支給できる弁当料の実費弁償額は、1,000円ということになる（すでに提供した弁当代1,900円を3,000円から差し引いた1,100円ではない）。したがって、弁当の実費弁償として3,000円を支給したことについては、2,000円分について、買収の推定を受けることになると思われる。

【参照条文】

公職選挙法第139条、第243条①Ⅰ、公職選挙法施行令109条の2、129条

> **CASE**
>
> ⑯ 選挙運動用自動車・船舶・拡声機の使用、連呼行為、気勢を張る行為の禁止
>
> ① 選挙期間中、ある候補者が選挙運動用自動車からの連呼行為の合間に自らの選挙公約や所属政党の政策等を歌い込んだ替え歌を1番から3番まで繰り返し流しつつ、投票依頼を行った。
> ② 某候補を支援する「勝手連」のメンバー十数人が駅のターミナルビル付近の路上に立ち、通行人に対して「○○候補に御支援をお願いします。本日8時から○○候補の演説会が××で開催されますのでお越しください」と繰り返し肉声及びハンドマイクにより呼びかけた。また、通行人の耳目を引くために原色の揃いのジャンパーを着用の上、隊列を組んでメガホンで「○○候補をよろしくと」繰り返しながら周辺道路を練り歩いた。

【解説】

1 主として選挙運動のために使用する自動車・船舶

(1) 主として選挙運動のために使用する自動車・船舶（いわゆる選車）は、候補者1人につき、自動車1台か船舶1隻（参議院比例代表選出議員の選挙にあっては自動車2台か船舶2隻。両方を使用する場合はそれぞれ1）に限られる。なお、衆議院議員の選挙においては、候補者届出政党及び衆議院名簿届出政党等も候補者数に応じて一定数を使用することができる（公選法141条①〜④）。「主として」とは、借上げその他の契約の内容、その自動車の使用状況等により、社会通念上選挙運動に使用することが主目

的である場合をいう。なお、故障に備えて予備車をあらかじめ用意しておくことは差支えないが、運行に供することはできない。
(2)　主として選挙運動のために使用する自動車・船舶には、立候補の届出の際、当該選挙に関する事務を管理する選挙管理委員会（衆議院比例代表選出議員又は参議院比例代表選出議員の選挙については、中央選挙管理会）の定めるところの表示をしなければならない（公選法141条⑤）。
(3)　使用できる自動車の種類には、制限があり、次のいずれかに該当するものに限られる（公選法施行令109条の3）。いわゆる宣伝カーのような自動車の構造が宣伝を主たる目的としているものは、一切使用できないが通常のライトバン等の上部に単にスピーカーを取り付けた程度のものは差し支えない。
①町村の議会の議員又は長の選挙以外の選挙
　ア　乗車定員10人以下の乗用自動車でイ又はウに該当しないもの（二輪自動車以外の自動車については、上面、側面又は後面の全部又は一部が構造上開放されているもの及び上面の全部又は一部が構造上開閉できるものを除く。たとえばオープンカーやそれに幌を取り付けたものは不可）
　イ　乗車定員4人以上10人以下の小型自動車（上面、側面又は後面の全部又は一部が構造上開放されているもの及び上面の全部又は一部が構造上開閉できるものを除く）
　ウ　四輪駆動式の自動車で車両重量2トン以下のもの（上面、側面又は後面の全部又は一部が構造上開放されているものを除く）
②町村の議会の議員又は長の選挙
　　前記①に定めるもの及び小型貨物自動車ならびに軽貨物自動車
(4)　自動車・船舶に乗車（船）する運動員は、運転手（自動車1台につき1人に限る）及び船員を除き、4人を超えてはならず、乗車（船）する運動員は、選挙管理委員会（参議院比例代表選出議員の選挙については、中央選挙管理会）から交付される乗車

（船）用腕章を着けなければならない。この腕章は、自動車、船舶共通で4枚交付されるから、候補者及び運転手（船員）以外の運動員は必ず着用しなければならない（街頭演説用腕章としても使用可）。
(5)　走行中の自動車の上では、選挙運動をすることはできず、連呼行為のみ許されている（下記3参照）。したがって、走行中の自動車からの「流し演説」は禁止されるが、停止している自動車の上では、街頭演説、その他の演説（会社、工場などに選挙運動用自動車を乗り入れて行う演説）を行うことができる。この点に関し、候補者や所属政党等の政策などを織り込んだ歌をテープレコーダー等に録音して選挙運動用自動車の拡声機から流しながら走行することはどうか。連呼行為の範囲にとどまらないものであれば、やはり車上の選挙運動にわたるおそれがあると解される。
(6)　自動車・船舶には看板などの文書図画を掲示することができる（この点の詳細については、§18参照）。なお。看板等の取り付けにあたっては、事前に道路交通法に基づく所轄警察署長の制限外積載許可等の手続きが必要となる。

2 選挙運動用の拡声機

　拡声機（携帯用のものを含む）は、公職の候補者1人について1そろい（参議院比例代表選出議員の選挙にあっては2そろい）であるが個人演説会又は幕間演説の開催中、その会場において別に一そろいを使用することができる。なお、衆議院議員の選挙においては、候補者届出政党及び衆議院名簿届出政党等も候補者数に応じて一定数を使用することができる（公選法141条①〜④）。拡声機には、立候補の届出の際、当該選挙に関する事務を管理する選挙管理委員会（衆議院比例代表選出議員又は参議院比例代表選出議員の選挙については、中央選挙管理会）の定めるところの表示をしなければならない（公選法141条⑤）。1そろいとは、通常、マイク1個とスピーカー1個及びこれに必要な増幅装置をいうが、1個のマイ

クに数個のスピーカーが設備されているような場合など通常の使用方法として数個のスピーカーを使用するものである場合には、マイクが1個である限り、拡声機一そろいと考えられる。また、テープレコーダーのように、肉声以上の音響を発する機能を有するものは拡声機とみなされる。

3 連呼行為

(1) 短時間に同一内容の短い文言を反復して呼称することを連呼行為という。たとえば、「○山○夫をよろしくお願いいたします」、「○山○夫の個人演説会が○日○時から△△で開かれます」という、おなじみのものである。走行中の自動車上で行う選挙運動については、連呼行為以外は一切できないこととされている結果、走行車両からの有権者への呼びかけは、どうしても短いフレーズの繰り返しになってしまうのである。

(2) 選挙運動のための連呼行為は、①演説会場及び街頭演説又はその他の演説（たとえば会社，工場等に出向いて行う幕間演説など）の場所においてする場合、②午前8時から午後8時までの間、選挙運動用自動車又は船舶の上においてする場合にのみ許され（公選法140条の2①）、これ以外の場合には一切禁止されている。

　個人演説会場において連呼する場合は、演説の前後又は合間における会場内での連呼が許されるが、会場外に向かって連呼することはできない。街頭演説の場所において連呼する場合は、立ち止まって行う演説の前後又は合間における連呼のみが許され、演説を行うことなく通行人に次々と連呼して歩くようなことはできない。なお、街頭演説ができるのは午前8時から午後8時までであるから、連呼行為もこの時間帯しかできないこととなる。幕間演説の場所において連呼する場合においては、時間帯に制限はない。さらに、選挙運動用自動車（船舶）を運行しながら行う「流し連呼」については、午前8時から午後8時までしかできない。

連呼行為は次の場所では禁止される。
① 2以上の選挙が行われる場合において、1の選挙の選挙運動の期間が他の選挙の選挙期日にかかる場合においては、その当日当該投票所を閉じる時刻までの間は、その投票所を設けた場所の入口から300メートル以内の区域
② 国、地方公共団体又は日本郵政公社の所有し又は管理する建物（公営住宅を除く。）これらの建物において個人演説会を開く場合は禁止されない。
③ 汽車、電車、乗合自動車、船舶（選挙運動用船舶を除く）及び停車場その他鉄道地内
④ 病院、診療所その他の療養施設　（公選法165条の2）

4 気勢を張る行為について

　何人も、選挙運動のために、選挙人の耳目を集めるために自動車を連ねて走行すること（選挙運動のために使用する自動車の台数制限違反にもあたる場合がある）、隊伍を組んで往来すること、サイレン等を吹き鳴らすこと、チンドン屋を雇ってけん騒にわたる行為をすることはできない（公選法140条）。

【 CASE の検討 】

①について
　走行中の選挙運動用自動車上において許される選挙運動は、連呼行為のみであり、このケースのように自らの選挙公約や所属政党の政策等を織り込んだ歌を一定時間流すことは、流し演説と同様、車上における選挙運動にあたるものとして、罰則（141条の3、243条。2年以下の禁錮又は50万円以下の罰金）の適用がある。また、なお、政策等を全く含まない通常の歌を連呼行為の合間に使用することについては、気勢を張る行為にわたらない限り差支えないものと考えられる。いずれにしても、個別具体の事案ごとに適否の判断が必要となる。

②について

　演説会の開催や投票依頼を個々面接の範囲で行うのであれば差し支えはないが、連呼にわたる形で行うことはできない。このケースの場合、10数人が路上に立ち、通行人に対して繰り返し、投票依頼と演説会の告知を行っていることから、個々面接の範囲を超えており、連呼行為（140条の2①、243条①ⅠのⅡ。2年以下の禁錮又は50万円以下の罰金）にあたるものと考えられる。また、選挙運動のために使用する拡声機については、携帯用のものを含め候補者1人につき1そろいに限られているため、ハンドマイクを用いて個人演説会の告知を行うことは、拡声機の使用制限に違反（141条、243条①Ⅱ。2年以下の禁錮又は50万円以下の罰金）する。

　さらに、通行人の耳目を引くために隊列を組んでメガホンを持って練り歩くことは気勢を張る行為（140条、244条①Ⅰ。1年以下の禁錮又は30万円以下の罰金）にあたるおそれがある。なお、文字等が何も記載されていないシンボルカラーのみで染めたジャンパー類を着用して選挙運動をすることについては特段の規制はないが、これにシンボルマークや候補者の氏名類推事項が記載されたものについては法146条の規制を受けることとなる）。

【参照条文】

公職選挙法第140条、第140条の2、第141条、第141条の2、第141条の3、第243条、第244条①Ⅰ

●事例解説 すぐわかる選挙運動

CASE
⑰ 文書図画による選挙運動
（その１　文書図画の頒布）

① ア　県議会議員選挙の期間中、「甲山乙郎演説会　日時：○月○日○時　場所：△△会館」と記載したビラを街頭で配布するとともに各戸の郵便受に投入した。
　イ　県の広報課が編集発行する広報誌「県庁だより」の新年号に、県広報課職員が「知事年頭あいさつ」として「○○党大会で三選出馬要請をいただきましたので、私は意を決して来るべき知事選挙への立候補を決意した」旨述べた上で「県民福祉の向上と産業振興のために県民の御支援をいただきたい」旨を記載した文章を掲載し、県内各戸に新聞折込で配布した

② 　市議会議員選挙の期間中、候補者乙田丙子が「私のマニフェスト」と称する候補者の氏名・顔写真入の、選挙公約を数ページにわたって記載したパンフレットを街頭演説の場で配布して投票を呼びかけた。

③ 　選挙運動用通常葉書を「○○会社御中」と宛名書きして直接ポストに投函した

④ 　衆議院小選挙区選出議員の選挙運動員が、総選挙の公示後、候補者の顔写真と経歴の入った届出ビラを県選管の交付する証紙を貼った上、選挙区内の各戸の郵便受に投函した

【解説】

1 文書図画の意義

　文書図画による選挙運動については、言論による選挙運動に比べて多くの費用を要し、金のかかる選挙の原因ともなりうることから、公職選挙法では特に認められたもの以外の文書を選挙運動のために使用することを禁止している。

(1)　「文書図画」とは、文字や符号又は象形を用いて物体の上に多少永続的に記載された意思の表示をいう。公職選挙法では、およそ人の視覚に訴えるものはすべて文書図画にあたるという考え方をとっており、材料については、紙だけでなく金属、木、布類などその種類を問わず、表示の方法については、記載、印刷、彫刻、映写などあらゆるものが含まれる。たとえば、書籍、新聞、雑誌、名刺、書状、ポスター、看板、ちょうちん、プラカード、スライド、映画、ネオンサイン等すべて文書図画に含まれ、さらには、壁や舗道、黒板に書かれた文字、磁気ディスク等に電子的に記録された情報をディスプレイに表示したもの、ファックス送信された文字等も文書図画にあたる。

(2)　「選挙運動のために使用する文書図画」（公選法142条、143条）の意義について最高裁判所の判例は、「選挙運動のために使用する文書図画とは、文書の外形内容自体からみて選挙運動のために使用すると推知され得る文書をいうのであって、文書の外形内容自体からみてこれに使用すると推知しえない文書は、たとえそれが現実に選挙運動のために使用されたとしても、同法第146条にいう禁止を免れる行為にあたることのあるのは格別、同法第142条第一項にいう文書にはあたらない」（最判昭和36.3.17）とし、さらにその後「当該文書の外形又は内容になんらかの意味で選挙運動の趣旨が表示されていて、見る者が頒布の時期、場所等の諸般の状況から推して特定の選挙における特定の候補者のための選挙運動選挙運動文書であることをたやすく了解し得るものであれ

ば足りる」として「特定の選挙における特定の候補者の当選を目的とする趣旨が逐一具体的に明示されていなければならないとまで厳格に解するのは相当でない」という考え方を示している（最判昭和47.10.6）。つまり、当該文書を見た者がたやすく特定の誰々の選挙運動文書であるということを了解しうるものであればよいということであり、文書が頒布された時期、場所なども踏まえ、文書を目にした者の受ける印象というものが大きな要素になりうる。また、政党の行う政策宣伝や時局批判などであっても、それらに名を借りて、特定選挙における特定候補者の当選を得るためにする意思を直接間接に表示した文書については法定外文書にあたる場合がある。たとえば、これにあたるとされたものに、甲政党の東京都議会議員選挙立候補予定者29名の氏名、年齢、現職、選挙区を記載した「甲政党東京都議会議員選挙予定候補者一覧」と題する文書（最判昭和44.3.18）や甲党山口県光市委員会がA、B及びCの3人の候補者を適格者として推せん支持するから全市民の票を右3人に投じるようにという趣旨を記載したビラ（広島高判昭和29.9.7）などがある。

　もとより選挙運動用文書となりうるものを網羅的に示すことは不可能であるが、判例において選挙運動用文書図画と認定されたものの例としては、たとえば次のようなものがある。

　　○「参議院全国区候補○○○○選挙対策委員」という肩書を付した名刺（最決昭和36.3.20）（単に職業、氏名を印刷したにすぎない通常の名刺は選挙運動用文書にはあたらない）
　　○選挙事務長名義での「選挙事務所開き御通知」と題し、「早春の候同志各位には益々御清祥大慶に存じます。さて県会議員選挙もいよいよ4月8日告示となりますが、選挙戦に先立ち左記により事務所開きを行いますので、万障お繰り合わせ同志多数御誘いの上御出席賜り度御案内申上げます」と記載した文書（最判昭和36.11.10）
　　○「○○○○個人演説会場」と題して同候補者の個人演説会の

日程、演説会場の場所等を記載した文書、「〇〇〇〇選挙事務所の御案内」と題して、同候補者の選挙事務所の住所、電話番号、案内図を記載した文書及び「〇〇〇〇政見放送のお知らせ」と題して、同候補者の政見放送の放送局名、放送日時等を記載した文書（最判昭和44.7.1）

〇冒頭に写真を掲げ、その下に氏名をかなり大きい活字で印刷してあり、「私は市政に『5つの政策』を要求すると題して5個の要求を掲げた上「あなたの要求を市議会に」と印刷してあるほか、その後半には「〇〇地区委員長の5つの政策について」と題する一文を印刷した文書（東京高判昭和40.6.23）

2 選挙運動のために頒布できる文書図画

(1) 「頒布」とは、文書図画を、選挙運動のために不特定又は特定の多数人に配布する目的で、その内の1人以上に配布する行為をいう。相手方が閲覧しうる状態になれば頒布が行われたことになる。その方法は郵送、街頭配布あるいは携帯電話へのメール送信などさまざまなものが考えられるが、公選法では頒布できる文書図画は後述のとおり限られたものとなっている（メールによる選挙運動は禁止されることはいうまでもない）。

頒布の相手方については「不特定多数」である必要はない。なお、「多数」とは2名以上であればこれにあたると解される。したがって、たとえば知事選挙において知事が県内市町村長あてに選挙での支援を依頼する文書を郵送したとすると、相手方は「特定」されてはいるが「多数」であるため、頒布にあたることとなる。

現に配布を受けた者が特定の単数人にすぎない場合でも、その者を通じて当然もしくは成行上不特定又は多数のものに配布されるべき情況の下になされた以上、頒布ということになる（最判昭和36.3.3、最決昭和51.3.11）。

(2) 選挙運動のために頒布できる文書図画としては、①選挙運動用

通常葉書、②選挙運動用ビラ及び③選挙運動用書籍・パンフレット（国政選挙の「政党マニフェスト」にあたるもの）があるが、地方公共団体の議員及び長の選挙において候補者が頒布できる文書は、選挙運動用通常葉書である。さらに、長の選挙に限り選挙運動用ビラ（選挙公約の記載により「ローカル・マニフェスト」としての利用が可能）とされており、国政選挙のようにパンフレット類を選挙運動に使用することはできない。さらに、頒布主体が候補者以外のものとしては、新聞広告及び選挙公報がある。

①選挙運動用通常葉書

　立候補届出の際、選挙長が交付する通常葉書使用証明書を日本郵政公社が定める郵便局に提示して「選挙用」の表示のある葉書の交付を受けることができる。あらかじめ印刷した私製葉書を用いる場合には、これを通常葉書使用証明書とともに日本郵政公社が定める郵便局に提示して「選挙用」の表示を受けることを要する（公選法142条⑤）。この場合、葉書の印刷費は候補者の自己負担となる。

　発送については、選挙長が交付する選挙運動用通常葉書差出票を添えて配達事務を取り扱う郵便局の窓口に選挙期日の前日までに届くように差し出さなければならず、たとえ「選挙用」の表示を受けた葉書であっても、これを街頭の郵便ポストに投函すること、路上で通行人に手渡したり、各戸に直接配布したりすることはできない。

　使用方法については、候補者自身が使用するだけでなく、第三者に依頼して推薦状の形式で出してもらうこともできる。記載内容については、投票依頼、個人演説会の開催告知など特に制限はないが、虚偽事項の記載（本書§31参照）は処罰の対象となる。あて先については「〇〇株式会社△△課御中」や「□□御一同様」と記載することは、回覧・掲示による伝達を予定したものとなるため許されない。

なお、選挙人への働きかけを目的としない純然たる事務連絡の文書については通常の形式の葉書、封書によって発送して差支えない。

【通常葉書の制限枚数】（公選法142条①Ⅰ～Ⅶ）

選挙の種類			候補者1人についての制限枚数
国	衆議院小選挙区選出議員	候補者個人	35,000枚
		候補者届出政党	20,000枚×当該都道府県における届出候補者数
	衆議院比例代表選出議員		使用できない
	参議院比例代表選出議員	名簿登載者個人	150,000枚
		参議院名簿届出政党等	使用できない
	参議院選挙区選出議員		35,000枚＋（2,500×当該都道府県の衆議院小選挙区選出議員の選挙区数が1を超える場合における超える数）
都道府県	知事		35,000枚＋（2,500×当該都道府県の衆議院小選挙区選出議員の選挙区数が1を超える場合における超える数）
	議会議員		8,000枚
市町村	指定都市	長	35,000枚
		議会議員	4,000枚
	指定都市以外の市	長	8,000枚
		議会議員	2,000枚
	町村	長	2,500枚
		議会議員	800枚

②選挙運動用ビラ

　ア　候補者個人の選挙運動用ビラ（地方公共団体の長の選挙における「ローカル・マニフェスト」を含む）

　　候補者個人の選挙運動用ビラの使用は、衆議院小選挙区選出議員及び参議院議員の選挙の場合においては従前から認められ

ている。頒布できるビラは、当該選挙を管理する選挙管理委員会（参議院比例代表選出議員選挙の場合は中央選挙管理会）に届け出た2種類以内のもので、大きさは長さ29.7センチメートル、幅21センチメートル（A4版）以内とし、ビラの表面には、頒布責任者及び印刷者の氏名（法人にあっては名称）及び住所（参議院比例代表選出議員選挙の名簿登載者のビラにあっては、これらのほか参議院名簿届出政党等の名称及び中央選挙会に届け出たビラである旨を表示する記号）を記載しなければならない。また、ビラには当該選挙を管理する選挙管理委員会（参議院比例代表選出議員選挙の場合は中央選挙管理会）が交付する証紙を貼らなければ頒布できない。頒布方法は、新聞折込による頒布、選挙事務所における頒布、個人演説会場における頒布、街頭演説の場所における頒布（政党等の選挙事務所、演説会場、街頭演説の場所も可）に限られており、散布することは禁止される（公選法142条①〜⑨）。

　次に、地方公共団体の選挙においては、これまでビラを頒布することはできなかった。しかし、近年、政党や候補者の政策ないしその実現方策を有権者に訴えるためのマニフェスト（選挙公約）の重要性が主張されるようになったことを背景に2007（平成19）年3月、議員立法により公職選挙法が改正され、改正法施行日である3月22日以後告示される地方公共団体の長の選挙においてビラの頒布が認められることとなった。これに選挙公約等を記載することにより知事や市町村長のマニフェストとして利用することができるのである。頒布についての規制は国会議員の選挙の場合と同様であり、当該選挙を管理する選挙管理委員会に届け出た2種類以内のもので、大きさは長さ29.7センチメートル、幅21センチメートル以内、ビラの表面には、頒布責任者及び印刷者の氏名（法人にあっては名称）及び住所を記載しなければならない。また、当該選挙を管理する選挙管理委員会が交付する証紙を貼らなければ頒布でき

ない（公選法142条①Ⅲ、Ⅴ～Ⅶ、⑥～⑨）。頒布方法は、新聞折込みによる頒布、選挙事務所における頒布、個人演説会場における頒布、街頭演説の場所における頒布に限られており、散布することは禁止される。

イ　政党の使用する選挙運動用ビラ

　候補者個人のほか、衆議院小選挙区選出議員の候補者届出政党、衆議院比例代表選出議員の名簿届出政党等もビラの頒布を行うことができる。

　衆議院小選挙区選出議員の候補者届出政党のビラについては、種類制限はないが、大きさは長さ42センチメートル、幅29.7センチメートル以内で、表面に頒布責任者及び印刷者の氏名（法人にあっては名称）及び住所のほか、候補者届出政党の名称を記載しなければならない。また、選挙区ごとに枚数制限があるため、都道府県選管が選挙区ごとに交付する証紙の貼付が必要となる（公選法142条②⑦⑧）。頒布方法については候補者個人用ビラと同様である（公選法142条⑥）。

　衆議院比例代表選出議員の名簿届出政党等のビラについては、2種類以内で、枚数制限、規格制限はなく、証紙の貼付も不要であるが、表面に頒布責任者及び印刷者の氏名（法人にあっては名称）のほか、名簿届出政党等の名称及び中央選挙会に届け出たビラである旨を表示する記号を記載しなければならない（公選法142条⑨）。頒布方法については衆議院小選挙区選出議員の候補者届出政党用ビラと同様である（公選法142条⑥）。

　なお、参議院議員の選挙においては、政党等が確認団体として政治活動用ビラを頒布することができるが、これには候補者の氏名を記載することはできない。

【選挙運動用ビラの制限枚数】（公選法142条①Ⅰ～Ⅶ、②～④）

選挙の種類		枚数制限・種類制限
衆議院小選挙区選出議員	候補者個人	70,000枚（2種類以内）
	候補者届出政党	40,000枚×当該都道府県における届出候補者数。ただし、届け出た選挙区ごとに40,000枚以内（種類制限なし）
衆議院比例代表選出議員		枚数制限なし（2種類以内）
参議院比例代表選出議員	名簿登載者個人	250,000枚（2種類以内）
参議院比例代表選出議員	参議院名簿届出政党等	使用できない
参議院選挙区選出議員		100,000枚＋（15,000×当該都道府県の衆議院小選挙区選出議員の選挙区数が1を超える場合における超える数）（上限300,000枚）（2種類以内）
都道府県知事（※2007年改正）		100,000枚＋（15,000×当該都道府県の衆議院小選挙区選出議員の選挙区数が1を超える場合における超える数）（上限300,000枚）（2種類以内）
市町村（※2007年改正）	指定都市の長	70,000枚（2種類以内）
	指定都市以外の市の長	16,000枚（2種類以内）
	町村長	5,000枚（2種類以内）

③選挙運動用書籍・パンフレット

　　衆議院議員総選挙における候補者届出政党若しくは衆議院名簿届出政党等又は参議院議員通常選挙における参議院名簿届出政党等に限り本部において直接発行するパンフレット又は書籍で国政に関する重要政策及びこれを実現するための基本的な方策等を記載したもの又はこれらの要旨等を記載したものとして総務大臣に届け出たそれぞれ一種類のパンフレット又は書籍を、選挙運動のために頒布（散布を除く）することができる（公選法142条の2

①）。このパンフレット又は書籍は、当該候補者届政党又は名簿届出政党等や候補者の選挙事務所内、演説会場内又は街頭演説の場所に限り頒布できることとされている（公選法142条の2②）ため、戸別配布や新聞折り込みによる頒布はできない。このため、一般の選挙人の目に触れる機会はかなり少ないのが現状である。また、パンフレット又は書籍には、当該候補者届出政党又は名簿届出政党等に所属する者である当該衆議院議員の総選挙又は参議院議員の通常選挙における候補者（当該政党等の代表者を除く）の氏名又は氏名類推事項を記載することができず（公選法142条の2③）、その表紙に、当該候補者届出政党又は名簿届出政党等の名称、頒布責任者及び印刷者の氏名（法人にあっては名称）及び住所並びに総務大臣に届け出たパンフレット又は書籍である旨を表示する記号を記載しなければならない（公選法142条の2④）。

④新聞広告

　公職の候補者は、公示又は告示の日から選挙期日の前日までの間、2回（衆議院小選挙選出議員選挙及び参議院選挙区選出議員の選挙にあっては5回、都道府県知事の選挙にあっては4回）を限り、選挙に関して広告をすることができる（公選法149条）。この制限回数の範囲内であればどの新聞に掲載してもよく、寸法は横9.6センチメートル、縦2段組以内である（公職選挙法施行規則19条）。広告を掲載できる場所は、記事下に限られており、色刷は認められない。広告の記載内容に制限はなく、候補者の写真、政見、演説会の告知、第三者の推薦文などを記載することも差支えない。このほか、衆議院小選挙区選出議員選挙の候補者届出政党及び衆議院比例代表選出議員選挙の名簿届出政党等又は参議院比例代表選出議員選挙の名簿届出政党等も所定の回数、新聞広告を行うことができ、届出候補者数又は名簿登載者数に応じて掲載できる寸法、回数が決められている。

　選挙運動のための新聞広告については候補者が公職選挙法の規

定に基づいて行うもの以外は認められていないため、組合や団体などが推薦候補者を決定した旨を新聞広告するようなことはできない。また、新聞広告を掲載した新聞紙の頒布は、新聞紙の頒布を業とするものが、通常の方法（定期購読者以外の者に頒布する場合は、有償でする場合に限る）でする場合に限られているため、候補者や選挙運動員が候補者の広告が掲載されている新聞を大量購入して街頭で配布したり新聞販売業者が特定の候補者の広告が掲載されている新聞のみを大量に配布するようなことは違法となる。

⑤選挙公報

　選挙公報は、候補者の氏名、経歴、政見等を掲載した文書で選挙管理委員会が発行する。衆議院議員、参議院議員又は都道府県知事の選挙においては、都道府県の選挙管理委員会は、公職の候補者の氏名、経歴、政見等（衆議院比例代表選出議員選挙及び参議院比例代表選出議員の場合においては名簿届出政党等の名称及び略称、政見、院名簿登載者の氏名、経歴等）を掲載した選挙公報を、一回発行しなければならないこととなっている（義務制選挙公報）（公選法167条）。また、都道府県の議会の議員、市町村の議会の議員又は市町村長の選挙においては、当該選挙に関する事務を管理する選挙管理委員会は、条例で定めるところにより、選挙公報を発行することができる（公選法172条の2）。したがって県議会議員や市町村の選挙については自治体によって選挙公報が発行される場合とされない場合があることに注意が必要である。その掲載手続きについては、公職の候補者が掲載文の原稿を作成し、当該選挙の期日の公示又は告示があった日から2日間（衆議院小選挙区選出議員の選挙にあっては、当該選挙の期日の公示又は告示があった日）に、当該選挙に関する事務を管理する選挙管理委員会に、文書で申請しなければならない。字数制限はないが、図・イラスト等の使用については当該部分の割合についての制限を選挙管理委員会が定めていることがある（公選法168条①～③）。選

挙管理委員会は、掲載文を、原文のまま選挙公報に掲載しなければならないこととされている（公選法169条②）。したがって、特定の候補者や政党の記載内容について選挙管理委員会が文責を負うものでないことは当然であり、仮に虚偽記載があった場合、記載した候補者等は、選挙公報不法利用罪（公選法235条の3）として、通常の虚偽事項公表罪よりも重い罰則の適用がある。なお、候補者等はその責任を自覚し、他人若しくは他の政党などの名誉を傷つけたり、善良な風俗を害したり、特定の商品広告等をしたりして選挙公報の品位を損なってはならないこととされている（公選法168条④）。

【CASEの検討】

①アについては、個人演説会の選挙人への告知はまさに選挙運動であり、選挙運動のために候補者が頒布できる文書図画は、地方公共団体の議会の議員の場合、選挙運動用通常葉書のみであるから、演説会告知ビラの配布行為は法定外文書の頒布となる。

次に①イについては、昭和34年2月1日執行の山梨県知事選挙における判例が素材で、たとえ、広報誌に年頭あいさつや県政への協力依頼の文言が含まれていても、当該広報誌の内容は、知事選挙に際し、立候補を決意した現職知事の当選を得るために選挙人を含む一般県民の支持支援を要望する、選挙運動に関係するものと考えられ、事前運動及び法定外文書頒布となる。職員の行為はたとえ公務の一環であったとしても、正当な職務の範囲を逸脱するものとなる（東京高判昭和35年5月17日）。

②については、地方公共団体の選挙の場合、頒布できる文書図画は選挙運動用通常葉書のみ（長の選挙の場合に限りビラの頒布も可能）であり、パンフレットを候補者の選挙運動のために配布することは認められない。

③については、選挙運動用通常葉書を街頭の郵便ポストに投函している上、「○○会社御中」と宛名書きしていることから、回

第2章 CASE17 文書図画による選挙運動（その1 文書図画の頒布）

覧を前提としたものとして頒布方法の違反となる。

　④については、前述のとおり選挙運動用ビラの頒布方法は、新聞折込、選挙事務所における頒布、演説会場における頒布及び街頭演説の場所における頒布に限られていることから、たとえ所定の証紙を貼ったものであっても各戸の郵便受に投函した行為は、文書図画の頒布方法の違反となる。

　以上①〜④ともに文書図画の頒布の制限違反（法142条、243条①Ⅲ。２年以下の禁錮又は50万円以下の罰金）にあたる。

【参照条文】
公職選挙法第142条、第243条①Ⅲ

> **CASE**
> ## ⑱ 文書図画による選挙運動
> （その2　文書図画の掲示、回覧行為の禁止とその例外）
>
> ① 公営ポスター掲示場（公選法144条の2⑧に基づき町条例で設置）の設けられている町議会議員選挙において、選挙運動用ポスターを隣人の承諾を得て塀に掲示した。
> ② 衆議院小選挙区選出議員の選挙運動員が、総選挙の公示後、候補者届出政党のポスター（県選管交付の証紙貼付済）を国道の中央分離帯に掲示板を立てて掲示した。
> ③ 選挙期間中、病院長が待合室に医師会が推薦する候補者の氏名及び「○○先生を国会へ」と記載した室内用ポスターを掲示した
> ④ 選挙期間中、選挙運動員が、ポスター掲示場に貼られた選挙運動用ポスターと同一図柄、同一規格のポスターを自家用車の車体に掲示して通勤した
> ⑤ 選挙期間中、選挙スローガン及び「○山△男選挙事務所」との記載のある横断幕を商店街のアーケードに、道路を跨いで掲示した

【解説】

1 選挙運動のために掲示できる文書図画

　選挙運動のために掲示する文書図画は、次の①～⑥のいずれかに該当するものに限られ、それ以外のものは一切使用することができない。「掲示」とは、文書図画を一定期間一定の場所に固定して備

え置き、人に見えるようにすることをいう。たとえ室内であってもそこが一般の第三者がしばしば出入りするような場所であれば掲示にあたる。この概念は一般の社会通念よりも広く、たとえば候補者の氏名等を記載したＴシャツを着用して街頭に立つことも文書図画の掲示に含まれる。また、選挙運動のために、アドバルーン、ネオン・サイン又は電光による表示、スライドその他の方法による映写等の類を掲示する行為は、違法な文書図画の掲示とみなされ、禁止されている（公選法143条②）。

①選挙事務所を表示するために、その場所において使用するポスター、立札、ちょうちん及び看板の類（公選法143条①Ⅰ）

　選挙事務所とは、特定の候補者の選挙運動に関する事務を取り扱う場所のことである。選挙事務所を設置できるのは、候補者若しくはその推薦届出者(推薦届出者が数人あるときはその代表者)であるが、衆議院小選挙区選出議員選挙の場合には候補者届出政党、衆議院比例代表選出議員選挙及び参議院比例代表選出議員選挙の場合には名簿届出政党等も設置することができる（公選法130条①）。選挙事務所を設置又は異動(１日につき１回のみ可)したときは、その旨を選挙管理委員会等に届け出なければならない（公選法130条②、131条②）。設置できる選挙事務所の数は原則として１箇所であるが、衆議院小選挙区選出議員選挙、参議院選挙区選出議員選挙及び都道府県知事の選挙にあっては、交通困難等の状況のある区域においては政令で定めるところにより増設することができる（公選法131条①）。なお、衆議院議員、参議院議員及び都道府県知事の選挙については、選挙管理委員会又は中央選挙管理会が交付する標札を選挙事務所の入口に必ず掲示しなければならないこととなっている（公選法131条③）。

　「ポスター」とは、主として貼り付けて使用することを目的としたもので、紙に一定事項を記載する場合が多いが、材質は問わず、布や合成樹脂でできたものも含まれる。文字の部分が突き出たような立体的な形状のものはポスターとして使用できない。

「立札」及び「看板」については、材質に制限はないが、形状は平面的なものでなければならず、角錐や角柱のような立体的なものは使用できない。なお、ポスター、立札、ちょうちん及び看板の「類」とは、懸垂幕、横断幕、のぼり旗、プラカード等をさし、吹流しは含まれない。掲示することができるポスター、立札及び看板の類の数は、選挙事務所ごとに、通じて3個以内、ちょうちんの類は1個に限られている（公選法143条⑦）。したがってポスターを2枚掲示すれば、立札、看板の類は1枚しか掲示できないことになる。

　規格については、ポスター、立札及び看板の類にあっては、縦350センチメートル、横100センチメートル以内（公選法143条⑨）、ちょうちんの類は、高さ85センチメートル、直径45センチメートル以内（公選法143条⑩）とされている。立札及び看板の規格制限は2辺の長さを規制したものであり、縦、横を逆にして使用することも可能である。なお、足のついた立札、看板の場合、足の部分も含めて規格制限内に収まらなければならない。

　掲示場所については、「その場所において使用」するものであるから、選挙事務所の建物又はその敷地内でなければならず、選挙事務所と離れた道路上等において使用することはできない。また、記載内容については、「選挙事務所を表示」するためのものであるから、社会通念上選挙事務所の表示との間に関連性が必要であり、主たる選挙事務所表示とともに、従としてスローガン等を記載することは可能である。また、看板等を夜間目立たせるために電光によって照射したり、夜光塗料で文字を記載することは差支えないが、電光表示や豆電球で看板を縁取りすることは公選法143条2項により禁止される。

　なお、選挙の当日においては、投票所を設けた場所の入口から300メートル以内の区域における選挙事務所の設置は禁止される（公選法132条）ことから、その区域内にある選挙事務所は閉鎖し、選挙事務所を表示するための文書図画はすべて撤去しなけれ

ばならない。当該区域外にある選挙事務所については、当日新たに掲示を行うことなく、それらを掲示したままにしておくことは差支えない（公選法143条⑤）。

②選挙運動用自動車又は船舶に取り付けて使用するポスター、立札、ちょうちん及び看板の類（公選法143条①Ⅱ）

　特に数、記載内容の制限はないが、ちょうちんの類は1個に制限される。規格は、ポスター、立札及び看板の類にあっては、縦273センチメートル、横73センチメートル以内、ちょうちんの類は、高さ85センチメートル、直径45センチメートル以内とされている。選挙運動用自動車又は船舶には選挙運動用ポスター（いわゆる5号ポスター）と同じ図柄のものを掲示することも差支えない。

③候補者が使用するたすき、胸章及び腕章の類（公選法143条①Ⅲ）

　「類」とは、候補者が使用するはちまきも含まれるが、ハッピや前かけなどは含まれない。候補者が着用して使用する限り、数、規格、記載内容の制限はない。

④演説会場において、演説会の開催中使用するポスター、立札、ちょうちん及び看板の類（公選法143条①Ⅳ⑧、164条の2）※本書§21参照

⑤個人演説会告知用ポスター（衆議院小選挙区選出議員、参議院選挙区選出議員又は都道府県知事の選挙の場合に限る）（公選法143条①ⅣのⅡ）※本書§21参照

　記載内容は個人演説会を告知するものでなければならず、表面には、掲示責任者の氏名、住所を記載しなければならない（公選法143条⑬）。規格は、長さ42センチメートル、幅10センチメートルを超えることはできないが、⑤の選挙運動用ポスターと合わせて作成することができる（公選法143条⑪⑫）。掲示場所は、公営ポスター掲示場1箇所につき1枚を掲示するほかは、掲示できない（公選法143条③）。

⑥選挙運動用ポスター（公選法143①Ⅴ）（いわゆる5号ポスター）
　ア　候補者個人のポスター
　　衆議院（小選挙区選出）議員、参議院（選挙区選出）議員又は都道府県知事の選挙については義務制の公営ポスター掲示場（公選法144条の2①）ごとに1枚を限り掲示するほかは、掲示できない（公選法143条③）。また、都道府県議会議員、市町村議会議員及び市町村長の選挙については、県又は市町村の条例によるポスター掲示場以外の場所には掲示できない、義務制に準じた任意制ポスター掲示場（公選法144条の2⑧）を設置している場合においては、やはり当該ポスター掲示場ごとに1枚を限り掲示するほかは、掲示できない（公選法143条④）。この義務制に準じた任意制ポスター掲示場については、昭和56年の公選法改正により新たに設けられたものであり、これを設置しない自治体は、近年稀であるが、この掲示場の設置がない場合にあっては、選挙の区分ごとに法定の枚数（都道府県議会議員の選挙にあっては、候補者一人について1,200枚、指定都市の市長にあっては、候補者一人について4,500枚、指定都市以外の市長にあっては、候補者一人について1,200枚、市議会議員にあっては、候補者一人について1,200枚、町村の議会の議員又は長の選挙にあっては、候補者一人について500枚）を超えることができず、当該選挙を管理する選挙管理委員会の行う検印を受けるか、その交付する証紙を貼らなければ掲示できない（公選法144条①Ⅲ、Ⅳ②③）。この場合の掲示場所については、国、地方公共団体若しくは日本郵政公社が所有し若しくは管理するもの（橋りょう、電柱、公営住宅等は除く）又は不在者投票管理者の管理する投票を記載する場所には、掲示できない。また他人の工作物に掲示しようとするときは、その居住者等の承諾を得なければならず、承諾を得ないで掲示されたポスターは、居住者等において撤去することができ（公選法145条①〜③）、撤去行為は選挙の自由妨害罪にはあたらない。

規格は、長さ42センチメートル、幅30センチメートル（タブロイド型）を超えてはならない（公選法144条④）が、衆議院小選挙区選出議員、参議院選挙区選出議員又は都道府県知事の選挙の場合、前記⑤の個人演説会告知用ポスターと合わせて作成し、掲示することができる（公選法143条⑫）。なお楕円、菱形、三角形などの形状のものは、当該タブロイド型の規格内に入る限りにおいて使用できる。

　記載内容については、法令に違反しない限り特に制限はないため、政見やスローガンなども自由に記載できるが、表面には、掲示責任者及び印刷者の氏名（法人にあっては、名称）及び住所を記載しなければならない（公選法144条⑤）。なお、一枚に一字を書いて数枚並べて貼ってはじめて一枚のポスターの効用を果たすような使い方はできない。

　この選挙運動用ポスターは選挙の当日においても、掲示したままにしておくことができる（公選法143条⑥）が、選挙当日の新たな張り替えはできない。

イ　政党等のポスター

　衆議院小選挙区選出議員選挙においては候補者届出政党が、都道府県ごとに届出候補者の数に応じて、また、衆議院比例代表選出議員選挙においては名簿届出政党等が、選挙区ごとに中央選挙管理会に届け出た3種類以内で、名簿登載者の数に応じて、それぞれ一定の枚数、選挙運動用ポスターを掲示することができる。枚数については、次表のとおりまたポスターの規格は、長さ85センチメートル、幅60センチメートル以内で、枚数制限があるため、都道府県選挙管理委員会又は中央選挙管理会の検印を受けるか、その交付する証紙を貼らなければならない。（公選法144条①Ⅰ、Ⅱ、ⅡのⅡ、②④）

衆議院小選挙区選出議員選挙の候補者届出政党	候補者を届け出た都道府県ごとに、1,000枚に当該都道府県における届出候補者の数を乗じて得た枚数（ただし、届け出た候補者に係る選挙区ごとに1,000枚以内）
衆議院比例代表選出議員選挙の衆議院名簿届出政党等	名簿を届け出た選挙区ごとに、500枚に当該選挙区における名簿登載者の数を乗じて得た枚数
参議院比例代表選出議員選挙における名簿登載者	70,000枚

　記載内容については、法令に違反しない限り特に制限はないが、表面には掲示責任者及び印刷者の氏名（法人にあっては、名称）及び住所を記載しなければならない。この場合において、候補者届出政党が使用するものにあっては当該候補者届出政党の名称を、衆議院名簿届出政党等が使用するものにあっては当該衆議院名簿届出政党等の名称及び中央選挙管理会へ届け出たポスターである旨を表示する記号を、参議院名簿登載者が使用するものにあっては当該名簿登載者に係る参議院名簿届出政党等の名称を、併せて記載しなければならない（公選法144条⑤）。

　掲示箇所については、ポスター掲示場の制度がないため、原則としてどこにでも掲示できるが、国、地方公共団体若しくは日本郵政公社が所有、管理するもの又は不在者投票管理者の管理する投票を記載する場所への掲示はできない（公選法145条①～③）。

2 文書図画の回覧行為の禁止

　選挙運動のために使用する文書図画又は看板（プラカードを含む）の類を多数の者に回覧させる行為は、頒布とみなされ禁止される。例外として、選挙運動用自動車（船舶）に取り付けて使用する文書図画と、候補者が着用するたすき等については、回覧することもできる（公選法142条⑪）。

　したがって、自家用車のドアに選挙運動用ポスターを貼り付けて走行したり、乗合バス・路面電車等の車体に選挙運動用ポスターや

看板の類を掲示すること、あるいはサンドイッチマンを使って文書図画を回覧させることなどは、回覧禁止規定に違反する。

> 【 CASE の検討 】
>
> 　①については、たとえ所有者の承諾を得ていたとしても、義務制に準ずる公営ポスター掲示場の設置された市町村の選挙においては、当該掲示場以外の場所へのポスター掲示は禁止される。
>
> 　②については、国道敷地内にポスターを掲示していることから、ポスター自体は法定の要件を満たしたものであっても、国、地方公共団体若しくは日本郵政公社の所有、管理物件へのポスター掲示の禁止に違反する。
>
> 　③については、選挙運動のために使用するポスターを室内用とはいえ、不特定多数の人が出入りする待合室に掲示していることから法定外文書の掲示となる。
>
> 　④については、自家用車のドアに選挙運動用ポスターを貼り付けて走行することは文書の回覧行為（142条⑨）で禁止される。
>
> 　⑤については、道路をまたぐような形で横断幕を掲示することは選挙事務所を表示するためその場所において使用するものとはいえないから禁止される。
>
> 　以上、①～③及び⑤については、文書図画の掲示の制限違反（法143条、243条①Ⅳ。２年以下の禁錮又は50万円以下の罰金）にあたることとなる。また、④については、選挙運動用文書図画の回覧行為は頒布とみなされることから、文書図画の頒布の制限違反（法142条、243条①Ⅲ。２年以下の禁錮又は50万円以下の罰金）にあたることとなる。

【参照条文】
公職選挙法第142条、第143条、第144条、第144条の２、第145条、第243条①Ⅲ～Ⅳ

> **CASE**
>
> ⑲ 禁止を免れる行為（脱法文書）
>
> ①市議会議員で「ABC英会話スクール」を経営するA山乙男は、選挙期間中の投票日直前、氏名の普及宣伝を意図して「あなたも英会話を始めましょう。ABC英会話スクール校長A山乙男」と記載され、本人の写真入で氏名の部分が大書され、略歴も記載されたチラシを地元新聞紙への折込で市内各戸に配布した。
>
> ②参議院議員通常選挙の選挙期間中、甲乙党公認候補某の地元後援会長であるBは「○月○日甲乙党党首丙山太郎先生来る！午後6時○○集会所」と記載した立看板を村内の主な道路脇に通行人に目立つように掲示した。
>
> ③凸凹党公認の県議会議員候補者Cの選挙運動員10数名が街頭演説や選挙運動用ポスターの張替え作業の際、赤色で「凸凹党」と背中に大きく印字され、かつCのシンボルマークとして用いている動物の図柄が記載されている白地のジャンパーを着用した。

【解説】

1 文書図画の頒布又は掲示につき禁止を免れる行為の禁止（脱法文書）

　選挙運動のための文書図画の頒布・掲示については、これまで述べたように厳しい規制を受けている。この頒布・掲示の禁止を免れる目的（脱法目的）で、選挙期間中、一見別の目的を装いつつ、実際には選挙運動目的で候補者の氏名等を記載した文書を頒布又は掲

示することは、「禁止を免れる行為」として違法となる。媒体としては、ビラやポスターのようなものだけでなく、候補者が著述、営業等の広告として、新聞、雑誌等に氏名を掲載することも含まれる。

(1) 禁止を免れる行為

　何人も、選挙期間中は、著述、演芸等の広告その他いかなる名義をもってするを問わず、選挙運動用文書図画の頒布又は掲示の禁止を免れる行為として、候補者の氏名若しくはシンボル・マーク、政党その他の政治団体の名称又は公職の候補者を推薦し、支持し若しくは反対する者の名を表示する文書図画を頒布し又は掲示することができない（公選法146条①）。したがって、候補者の「シンボルカラー」の使用についての規制はない。

(2) 禁止を免れる行為とみなされるもの

　選挙期間中、①候補者の氏名、②政党その他の政治団体の名称、③公職の候補者の推薦届出者の氏名、④選挙運動に従事する者の氏名及び⑤候補者と同一戸籍内に在る者の氏名を表示した年賀状、寒中見舞状、暑中見舞状その他これに類似する挨拶状を当該公職の候補者の選挙区（選挙区がないときはその区域）内に頒布し又は掲示する行為は、禁止を免れる行為とみなす（公選法146条②）。

　「禁止を免れる目的」の脱法文書とは、一見、外形・内容自体からは選挙運動のために使用する文書（法定外文書）には当たらないものの、頒布の時期、方法、態様等を総合的に見れば選挙運動目的であると認められるものである。判例上これが認められたものとしては、たとえば次のようなものがある。

　　①個人演説会を所定の日に開催することができなくなったことを市民に陳謝する旨を記載した陳謝ビラ（東京高判昭和30.10.31）

　　②官製はがきの裏面に「今回衆議院選挙に立候補致しました当地出身○○○○候補の選挙事務所を左記に移転しましたので御連絡申し上げます尚御通知洩れの方がありましたらよろしくお伝

えくださるようお願い申し上げます」旨印刷した文書（東京高判昭和40.11.25）

③衆議院議員選挙の期間中、某政党公認候補者の来援に訪れた者の氏名を「5月14日、15日前衆議院議員〇〇〇〇先生来富」と表示したポスター1万枚を富山市内に掲示する行為（名古屋高金沢支判昭和35.4.5）

④立候補者甲の著書の広告名義にしゃ口して写真入で氏名が大書され、略歴をも記載してあるビラ2,000枚を新聞に折込み頒布した行為（名古屋高判昭和35.11.14）

⑤候補者が戸別訪問に際し氏名、職業のみ記載された自己の名刺を配布する行為（最判昭和36.3.17）

⑥タバコのふたの内外に候補者の氏名をカタカナで記載したもの（最決昭和38.12.25）。

　実際に、特定の行為が、脱法文書の頒布又は掲示にあたるか否かについては、かなり微妙な問題であって一般論として述べることはすこぶる困難であるが、頒布・掲示の時期、場所、対象者の数等、さまざまな事実を踏まえて個別に認定されることになると思われる。

2 文書図画の撤去

　都道府県又は市町村の選挙管理委員会は、次のいずれかに該当する文書図画があると認めるときは、あらかじめ、その旨を当該警察署長に通報して撤去を命ずることができる（公選法147条）。この撤去命令に従わなかった者については罰則の適用がある（公選法243条）。

　ア　文書図画の掲示制限（公選法143条、164条の2）、ポスターの掲示制限（公選法144条）等に違反して掲示したもの（たとえば、選挙事務所、演説会場及び自動車に取り付けて使用するポスター、立札、ちょうちん、看板の類で規格制限や個数制限を超えるもの、選挙運動用ポスターで規格を超えるものや選管

の交付する証紙を貼らないもの、掲示責任者等の氏名を記載しないもの等がこれにあたる）
イ　候補者等若しくは後援団体の政治活動用ポスターで、候補者等若しくは後援団体になる前に掲示された文書図画（たとえば、立候補の意思を有していなかった当時に自分の氏名を入れた政治活動用文書図画を掲示していたような場合がこれにあたる）若しくは掲示制限期間（公選法143条）前に掲示され、期間中に入っても掲示されているもの
ウ　選挙事務所を廃止したとき、選挙運動用自動車若しくは船舶の使用をやめたとき、又は演説会が終了したときにおける文書図画の撤去義務規定（公選法143条の2）に違反して撤去しないもの
エ　ポスターの掲示箇所の制限等（公選法145条）に違反して掲示したもの（国、地方公共団体若しくは日本郵政公社が所有、管理する施設や不在者投票管理者の管理する投票を記載する場所に貼られたポスター、あるいは、居住者等の承諾を得ずに他人の工作物に貼られたポスターがこれにあたる）
オ　選挙運動の期間前又は期間中に掲示した文書図画で禁止を免れる行為としてなされたもの

【CASE の検討】

①については、候補者本人の写真入、氏名大書、略歴記載のチラシを新聞折込で各戸に配布していることから、英会話スクールの広告に名を借りた選挙運動目的の脱法文書と認められるおそれがある。

②については、政党の名称と党首を記載した看板を当該政党に所属する候補者の関係者が選挙人への呼びかけとして掲示したものであり、選挙運動目的の脱法文書と認められるおそれがある。とりわけ、地方選挙に比べて政党選挙の要素の強い国政選挙においては、選挙運動目的が容易に認定されやすいと思われる。

③については、政党公認候補者の選挙運動員が選挙運動を行う際に、所属政党名を表示し、かつ、候補者自身のシンボルマークと認められる図柄が記載されているジャンパーを着用していることから選挙運動目的と認められるおそれがある。

　以上のことから、①～③のいずれも脱法文書の頒布又は掲示の制限違反（法146条①、243条①Ⅴ。2年以下の禁錮又は50万円以下の罰金）にあたることとなる。

【参照条文】
公職選挙法第146条、第143条の2、第147条、第243条①Ⅴ

CASE

⑳ 新聞紙、雑誌の報道及び評論の自由

　Aは、公職選挙法第148条の要件を満たす某業界紙の編集発行者であるが、通常は組合員にのみ有料で定期配布している機関紙について、県議会議員選挙に立候補予定の松山伊予を支援する目的で次のような記事を掲載した号外を作成し、告示日の前後において新聞折込の方法で各戸に配布を行うとともに、街頭で通行人に無償配布を行った
　○松山伊予候補の通称使用予定の氏名を大書し、顔写真及び経歴と同氏の政見を掲載した上で、「県議会議員選挙に挑戦するまつやまいよ氏がこれまで業界発展のために尽力してきた旨、当選した暁には国や県との大きなパイプとして活躍が期待される旨、県民生活向上のために若い有為の人材を県議会へ送り出すべきである旨」

【解説】

(1)　公職選挙法では、「社会の公器」としての新聞紙や雑誌が選挙に関する報道・評論等を掲載することについては、虚偽の事項を記載し又は事実を歪曲して記載する等表現の自由を濫用して選挙の公正を害さない限りにおいて、選挙に関し、報道及び評論を掲載する自由は妨げられないとして、選挙運動の制限（たとえば文書図画の頒布・掲示の制限、事前運動等）に関する規定が適用されないこととなっている。ただし、その頒布方法については制限があり、選挙に関する報道・評論を掲載した新聞紙又は雑誌の販売を業とする者は、通常の方法で（選挙運動の期間中及び選挙の当日は定期購読者以外の者に対しては有償でする場合に限られる）頒布しなければならないこととされており、掲示については

都道府県選挙管理委員会の指定する場所に限り掲示ができることとされている。なお、「報道」とは、選挙に関する客観的事実の報告であり、「評論」とは、候補者や政党等の政策、意見、主張などの事実について論議あるいは批判することを指す。したがって、報道・評論の域を超え、特定候補者の宣伝文言にすぎないものについては、もはや本条の保護を受けず、法142条違反に当たる場合もありうる。この点については、紙面の約3分の2に「名古屋市長には甲」と記載して甲の氏名の部分を大書し、左肩に同人の写真を掲げ、左下に「愛労評第16回臨時大会は、来る4月25日投票で行われる名古屋市長選挙の推薦候補者として甲を決定し、春闘を名古屋市長選挙必勝のためたたかいぬくことを決意しました」旨の労働組合の機関紙を選挙運動用文書と認定した判例がある（最決昭和44.6.26）。

(2) 報道評論の自由が認められる新聞、雑誌には普通の新聞、雑誌のほかに業界紙や労働組合等の機関紙も含まれる。「新聞紙」については公選法上明確な定義はないが、「特定の人又は団体により、一定の題号を用い、比較的短い間隔をおき、号をおって定期的に印刷発行される報道及び評論を主たる内容とする文書であって、不特定又は多数人に広く頒布されるもの」（昭和35.10.31東京高裁判決）であり、「反復する意思をもって一般民衆に頒布することを主たる目的」とするもので、「頒布が有償であることを原則」（昭和29.8.3）とするものであると考えられる。「有償」とは、その都度対価を徴収するのではなく、発行経費が組合員の納入する組合費等によってまかなわれているような、最終的に頒布の相手方の負担に帰せられるものも含まれる。また、「雑誌」については、校友会雑誌もこれに含まれる。

このように考えると、政党その他の政治団体機関紙の「号外」と称する、立候補予定者の顔写真や使用予定通称による氏名、来るべき選挙への立候補意思、候補者の政見等について掲載した色刷チラシの類の選挙期間前の無差別頒布については、たとえ形式

上、148条の要件を満たす機関紙の題字が片隅に記載されていたとしても、実質的に特定候補者の氏名の普及宣伝を目的としたものにほかならず、はたして148条の保護を受けうる新聞紙といい得るか疑問なしとしない。

このうち、選挙運動期間中及び選挙の当日においては、次の要件を具備する新聞紙や雑誌に限り、選挙に関する報道、評論を行うことができる。これは、選挙期間中は特定の候補者の選挙目当ての新聞・雑誌もどきの乱発を防止するためである。

① 次の条件を具備するもの
 ア 新聞紙にあっては毎月3回以上、雑誌にあっては毎月1回以上、号を逐って定期に有償頒布するものであること。
 イ 第三種郵便物の承認のあるものであること。
 ウ 当該の選挙期日の公示又は告示の日前1年（時事に関する事項を掲載する日刊新聞紙にあっては、6月）以来、ア及びイに該当し、引き続き発行するものであること。
② 前記①に該当する新聞紙又は雑誌を発行する者が発行する新聞紙又は雑誌でア及びイの条件を具備するもの。たとえば、前記①の要件を満たす新聞紙の発行元が選挙近くになって新たに週刊、月刊誌等を発行するような場合である。ただし、点字新聞については、イの事項は不要である。

(3) 選挙に関する報道、評論を掲載し新聞紙及び雑誌を頒布できるのは、発行者、卸売業者、小売業者等の「販売を業とするもの」であり、販売を業とする者以外の者が特定候補者に当選を得しめる目的をもって、戸別配布、街頭配布等によって多数人に頒布すれば、法定外文書の頒布（公選法142条）となる。

また、「通常の方法」とは、頒布の手段、対象、部数、対価等からみて当該新聞紙又は雑誌が従来から行ってきた方法によってという意味である。「通常の方法」と認められなかったものとしては、次のようなものがあるが、選挙に関する報道、評論を掲載していない平素の頒布実態等について、個別具体的な判断が必要となる。

○平素の販売部数は全国で約2千部にすぎず、その販売区域も限られている新聞紙が、特定の衆議院議員候補者のみを推奨する趣旨の同人にのみ有利な報道を記載した号外約2万5千部を、一般販売店をして他の一般新聞紙に折り込み配布させる方法により一般新聞予約購読者に無料配布させた行為（東京高判昭和31.12.17）

○新聞の発行、販売者が選挙に際し、従来行っていた郵送の方法によらないで、特定の候補者の当選に有利な事項を掲載してその発行にかかる新聞紙数百部を氏名不詳者数名に交付し、町内に頒布させた行為（最判昭和30.2.16）

○労働組合が発行する組合機関紙であって、契約購読者である非組合員に対しては1部金2円で郵送して頒布することが原則となっているものを、契約購読者でもない非組合員に対し、携帯して無料配布した行為（東京高判昭和41.10.25）

※なお、政党の機関紙については別途規定があり、後述する。

【CASEの検討】

通常は組合員にのみ有料で定期頒布している機関紙について、県議会議員の選挙期間の前後に限り、特定の候補者の選挙に関する報道、評論を掲載した号外を新聞折込や街頭配布の方法で無差別かつ大量に頒布を行うことは、通常の方法による新聞紙の頒布とはいえず、新聞紙の頒布方法違反（公選法148条②、243条①Ⅵ。2年以下の禁錮又は50万円以下の罰金）にあたることとなる。

なお、法148条所定の要件を満たしていない新聞紙等の編集発行人が選挙運動にわたる報道評論を掲載した場合、公選法235条の2Ⅱの罪が成立するほか法定外文書頒布（公選法142条）や時期により事前運動（公選法129条）にも該当することがある。

【参照条文】

公職選挙法第148条、第148条の2、第243条①Ⅵ

CASE

㉑ 個人演説会

① 某市の青年団長Aらは、（ア）選挙期間中、青年団が支援する市議会議員甲野と乙山の選挙運動の一環として「甲野・乙山議員市政討論会」を主催することとし、（イ）当該「討論会」の日時、場所及び来聴要請を記載した自作の告知用ビラを町内各戸に配布し、（ウ）演説会当日、町内の有線放送設備を用いて「討論会」への参加を呼びかけ、町内会員を某事業所の建物に参集させた。

② 「討論会」当日は参加者に対し、候補者甲野と乙山の政見・経歴の入ったプログラムを配布するとともに、演説会の様子をビデオ撮影しその映像を会場外にいる人にも見えるような形で上映した。

③ 「討論会」の休憩時間には、懇意にしている著名な「お笑いタレント」を呼んで漫談を上演させた。

【解説】

1 個人演説会とは

　個人演説会とは、選挙期間中、候補者の政見の発表、有権者への投票依頼等の選挙運動のために、候補者個人が開催する演説会である。聴衆をあらかじめ参集させて行うという点で「演説」とは区分される。

2 個人演説会の開催者と演説者

　個人演説会を開催できるのは、候補者に限られる（なお衆議院議員選挙における候補者届出政党又は衆議院名簿届出政党等は、それ

ぞれ政党演説会又は政党等演説会を開催することができる）。したがって、候補者以外の第三者（たとえば青年団、新聞社、候補者の後援団体その他の各種団体等）主催の選挙運動のための個人演説会はいかなる名目によっても開催することはできないし、候補者もこのような演説会に参加することはできない（公選法164条の3）。たとえば、選挙期間中に○○総会、学術・文化講演会など第三者主催の会合に候補者が出席して演説した場合、単なる幕間演説として行うものについては差し支えはないが、候補者の演説を聴く目的であらかじめ聴衆を参集させて行われる等の実態があれば、名称はどうあれ、演説会にあたる場合がありうる。また、新聞社など報道機関主催による複数の候補者の合同演説会を開催することはできない。

選挙運動のための演説を全く含まない純粋の政策を聞くために複数の候補者が参加して行われる合同討論会などを報道機関など第三者が主催することについては規制はないが、出席した候補者の選挙運動にわたる実態があれば違法となる。

個人演説会では、候補者本人だけでなく、第三者も演説することができる（公選法162条②）。候補者本人は一度も登壇せず、テープレコーダー等の録音装置を利用して不在の候補者の演説を聞かせることや候補者以外の者だけが応援演説することもできる（公選法164条の4）。したがって、同一時間に同一候補者主催の演説会を複数の会場で開催することも可能であるが、選挙の種類によっては、同時開催は5箇所に限られる（下記5参照）。

ただし、第三者が演説する際には当該候補者の選挙運動のための演説を行わなければならず、仮に第三者が応援演説に付随して自己の選挙運動のための演説を行うことは、公営施設使用の個人演説会の場合には公選法166条に違反するおそれがある。とりわけ、2以上の選挙の期間が重複している場合に演説する第三者が重複する他の選挙の候補者の場合に問題となりうる。

なお、個人演説会場内においては演説の直前、直後あるいは開催中連呼行為をすることができる（公選法140条の2ただし書）。

3 個人演説会に使用する施設

　個人演説会に使用できる施設は、(1)学校、公民館、地方公共団体が管理する公会堂及び市町村の選挙管理委員会が指定する施設（公営施設）（公選法161条）と(2)公営施設以外の施設（個人の居宅、事業所、寺院等さまざまな施設が考えられる）（公選法161条の2）がある。

　このうち、公営施設使用の個人演説会開催の手続きは、ア　開催予定日2日前までに、イ　使用しようとする施設、開催予定日時、候補者氏名を、都道府県の選挙管理委員会が定める様式による文書に記入して、ウ　市町村の選挙管理委員会に提出しなければならない（公選法163条）。したがって、選挙の公示日又は告示日の翌々日以降でなければ開催できないことになる。公営施設を個人演説会に使用する場合、その管理者が演説会の開催に必要な照明、聴衆席等の設備をすることとなっており、候補者一人について、同一施設ごとに一回を限り無料で使用できる（公選法164条）。公営施設の場合、使用時間は一回につき5時間以内とされている（公選令112条①～③）。

　また、公営施設以外の施設を使用して個人演説会を開催しようとする場合には、開催しようとする施設の管理者と交渉してその承諾を得ればよく、それ以外に特段の手続きは不要である。

　選挙運動用拡声機については、一般に選挙運動用自動車に取り付けて使用されるもので、候補者一人について1そろい（参議院比例代表選挙にあっては2そろい）しか使用することはできないが、演説会の開催中は、その会場において使用するものに限り、さらに会場ごとに1そろいを使用することができる（公選法141条①②③）。

4 個人演説会の周知方法

　個人演説会の告知方法は、文書によるものとしては、選挙運動用ポスター（なお、衆議院小選挙区選挙、参議院選挙区選挙及び知事

の選挙の場合は個人演説会告知用ポスターを選挙運動用ポスターと合わせて作製、掲示できる)、ビラ、選挙運動用通常葉書又は新聞広告で行うことができる。ただし、県、市町村の議員選挙の場合、ビラによる告知はできない。また、口頭によるものとしては、街頭演説や車上の連呼行為のほか、電話や個々面接による周知方法がある。

　一方、個人演説会の開催告知のために有線放送を用いることは、放送設備を利用した選挙運動放送の制限（公選法151条の5）に違反するためできない。有線、無線を問わず、選挙運動のために放送設備を使用して放送し又は放送させることは、衆議院議員、参議院議員及び都道府県知事の選挙における政見放送又は経歴放送（公選法150条～151条の3）を除き一切できないこととされているからである。

5 個人演説会場における文書図画の使用

　演説会場においては、その演説会の開催中使用するポスター、立札、ちょうちん及び看板の類を掲示できることとなっている（公選法143条①Ⅳ）。ただし、会場の内と外で使用できる種類が異なるので注意が必要である。

　ア　衆議院小選挙区選出議員選挙、参議院選挙区選出議員選挙若しくは都道府県知事の選挙における個人演説会においては、会場内にあっては、ポスター、立札、ちょうちん及び看板の類を掲示することができ、掲示できる数については、ちょうちんが一個に限られるほかは制限がない。記載内容についても、候補者氏名の他、似顔絵、政見等制限はない。また、会場外にあっては、立札及び看板の類を5個以内掲示できる。この立札及び看板の類には都道府県の選挙管理委員会から交付された表示板を掲示しなければならない（表面には掲示責任者の氏名及び住所の記載が必要（公選令125条の2））。会場外ではこの表示板を付けた立札及び看板の類以外の文書図画は、一切掲示するこ

とができない。演説会の開催中は、この立札及び看板の類を一個以上必ず会場前の見やすい場所に掲示しておかなければならない（したがって、同時開催は5箇所が限度）が、個人演説会用として使用していないものは、演説会場外のいずれの場所においても選挙運動用として使用することができる。ただし、掲示にあたってはその居住者、管理者等の承諾が必要であり、国や地方公共団体の管理する施設については原則として掲示することができない。規格については、ポスター、立札及び看板の類は縦273センチメートル以内、横73センチメートル以内、ちょうちんの類は高さ85センチメートル、直径45センチメートル以内とされている（公選法143条⑨⑩、164条の2①～⑤）。

イ　ア以外の選挙における個人演説会においては、会場内においてはアと同様のものを、会場外においては、ポスター、立札及び看板の類を会場ごとに2個以内掲示できる。ちょうちんの類は、会場内か会場外のいずれかに1個を掲示できる。規格については、アの場合と同様である（公選法143条⑧、⑩）。

一方、頒布文書については、県、市町村の議員選挙の場合、候補者の政見、経歴等を記載したビラ等の文書の頒布はできない（なお、衆議院小選挙区選出議員選挙、参議院議員の選挙ならびに知事及び市町村長の選挙においては、個人演説会場において、公選法142条所定の選挙運動用ビラの頒布が可能である。

さらに、選挙運動のためにアドバルーン、ネオン・サイン又は電光による表示、スライドその他の方法による映写等の類を掲示する行為は、禁止行為に該当するものとみなされているため（公選法143条②）、候補者が出演するビデオ等を演説会場内外において上映することはできない。

6 個人演説会における芸能人の出演等

たとえば、歌手、漫才師、落語家など芸能人等を弁士として招い

て候補者のための応援演説だけをさせることについては特段の規制はないが、合わせて聴衆に無償あるいは著しく低廉な対価により演芸を披露させるということになると、聴衆に対し興業価値のある娯楽を提供したこととなり、それ自体が利益供与にあたるものとして買収罪が成立することが考えられる。聴衆を演説会場までマイクロバス等で運ぶことについても利益供与にあたるものと解されてい（公選法221条①Ⅰ）。

【CASEの検討】

①について

　（ア）については、候補者以外の者が選挙運動のための演説会を開催していることから選挙運動に関する各種制限違反（法164条の3①、243条①ⅧのⅢ。2年以下の禁錮又は50万円以下の罰金）、（イ）については、演説会告知用ビラを頒布していることから法定外文書頒布として選挙運動に関する各種制限違反（法142条①、243条①Ⅲ。2年以下の禁錮又は50万円以下の罰金）、（ウ）については、選挙運動放送の制限違反（法151条の5、235条の4Ⅱ。2年以下の禁錮又は30万円以下の罰金）がそれぞれ成立することとなる。なお、候補者主催の演説会をこのケースのような事業所など民間の建物を使用して開催することについては、開催しようとする施設の管理者と交渉してその承諾を得れば可能である。

②について

　候補者名・経歴等の入ったプログラム文書の配布については、法定外文書頒布として選挙運動に関する各種制限違反（法142条①、243条①Ⅲ。2年以下の禁錮又は50万円以下の罰金）、候補者出演ビデオの上映については、法定外文書掲示として選挙運動に関する各種制限違反（法143条①、243条①Ⅳ。2年以下の禁錮又は50万円以下の罰金）が成立することとなる。

③について

演説とは無関係に著名なタレントを呼んで漫談を上演させた行為は、聴衆に対し、無償で興業価値のある娯楽を提供したものとして、利益供与罪（221条①Ⅰ。3年以下の懲役若しくは禁錮又は20万円以下の罰金）が成立する。

【参照条文】
公職選挙法第151条の5、第161条、第161条の2、第162条、第163条、第164条、第164条の2、第164条の3、第164条の4、第166条、第142条①Ⅵ、第143条②、第243条①Ⅲ、Ⅳ、ⅧのⅡ、ⅧのⅢ、第235条の4Ⅱ

> **CASE**
> **㉒ 街頭演説・幕間演説**
>
> 　県議会議員選挙に立候補しているＡは、選挙運動員20名とともに「朝立ち」と称して午前７時00分から毎朝、選挙区内の私鉄駅の入口や自動改札口付近を歩き回りながら通勤客に対して選挙管理委員会から交付された拡声機表示板を付けてないハンドマイクを用いて自らの政見を発表しつつ投票依頼を行った。

【解説】

1 街頭演説とは

　街頭演説とは、街頭又はこれに類似する公園、空地等の場所で多数の人に向かってする選挙運動のための演説をいう。

　街頭演説を行うためには、当該選挙を管理する選挙管理委員会から立候補届出の際１本（参議院比例代表選挙の場合は中央選挙管理会から３本）交付される街頭演説用標旗（選挙七つ道具の一つ）を掲げて、立ち止まっておこなわなければならない（公選法164条の5①～④）。標旗を掲げていると認められる一定の範囲外に移動してはならず、歩きながら演説したり走行する車両の上からする「流し演説」は禁止されている。
なお、街頭演説の場所においては連呼行為をすることができる（公選法140条の２ただし書）。

2 街頭演説の従事者についての制限

　街頭演説の場所において選挙運動に従事する者は、候補者一人につき候補者本人及び運転手（船員）を除いて15人を超えてはならず、これらの者は選挙管理委員会から交付される選挙運動用自動

車・船舶への乗車（船）用腕章又は街頭演説用腕章を必ず着用していなければならない（公選法164条の7①②）。乗車（船）用腕章は4枚、街頭演説用腕章は11枚それぞれ交付され、腕章を着用していない者については、たとえ予備員という名目であってもその場にいることは許されない。なお、選挙運動用自動車を使用しないで街頭演説を行う場合であっても、乗車（船）用腕章の着用で差し支えはない。

3 街頭演説の時間の制限

街頭演説は、午前8時から午後8時までの間に限ってすることができる。したがって、午後8時から翌朝8時までの間は、街頭演説は禁止される（公選法164条の6①）。

4 街頭演説の場所における選挙運動用文書図画の使用

街頭演説の場所においては、県、市町村の議員選挙の場合、候補者の政見、経歴等を記載したビラ等の文書の頒布はできない（なお、衆議院小選挙区選出議員選挙、参議院議員の選挙ならびに知事及び市町村長の選挙においては、街頭演説の場所において、公選法142条所定の選挙運動用ビラの頒布が可能である。

一方、街頭演説の場所における選挙運動用文書図画の掲示は一切認められていないため、たとえば候補者名を記載したプラカードやノボリ等を掲示することはできない。

5 街頭演説の場所における拡声機の使用

街頭演説の場所において拡声機を用いるためには、選挙管理委員会から交付された表示板を付けておかなければならない。テープレコーダー等の録音装置を利用して演説する際に、それを広く通行人に聞こえるようにする場合についても同様である。

6 公共の建物における演説の禁止

　何人も、次に掲げる建物又は施設においては、いかなる名義をもってするを問わず、選挙運動のためにする演説及び連呼行為を行うことができない。ただし、国、地方公共団体等の所有、又は管理する建物が公営施設使用の個人演説会場になっている場合に、公選法の規定に従い個人演説会を開催することは差し支えない。

　①国、地方公共団体又は日本郵政公社の所有し又は管理する建物（公営住宅を除く。）、②汽車、電車、乗合自動車、船舶（選挙運動用船舶を除く）及び停車場その他鉄道地内（駅前広場のような一般公衆が自由に往来する場所は含まれない）、③病院、診療所その他の療養施設（公選法第166条）。

〈幕間演説について〉

　映画、演劇あるいは各種団体の集会、会社・工場の休憩時間等にたまたまそこに集まっている者を対象にして、候補者、選挙運動員又は第三者が選挙運動のための演説をすることを幕間演説という。幕間演説は、聴衆を参集させて行う演説会とは異なり、街頭演説にもあたらないため、自由に行うことができる。ただし、何かの名目であらかじめ聴衆を集めてもらってそこに候補者等が出向いていって運動演説をすることは幕間演説ではないためできない。

　なお、他の選挙の投票日には、その投票所を設けた場所の入口から300メートル以内の区域では、午前零時から投票所閉鎖時刻（繰上げがなければ午後8時）までの間は、個人演説会や街頭演説、幕間演説を開催することはできない（公選法165条の2）。

【CASEの検討】

　Aについては、・拡声機の使用制限（公選法141①）に違反していること、・歩き回りながら「流し演説」を行っていること（公選法164条の5①）、・駅構内で演説を行っていること（公選

法166条)、またＡの選挙運動員らについては従事人数が20人と人数制限を超えていること(公選法164条の7②)

　以上の点は、選挙運動に関する各種制限違反その1(公選法243条。2年以下の禁錮又は50万円以下の罰金)にあたる。

　さらに、午前7時という街頭演説の禁止される時間帯に演説を行っていることについても、選挙運動に関する各種制限違反その2(公選法164条の6①、244条。1年以下の禁錮又は30万円以下の罰金)にあたる。

【参照条文】

公職選挙法第141条①、第164条の5、第164条の6、第164条の7、第166条、第243条①Ⅱ、ⅧのⅣ、ⅧのⅥ、Ⅹ、第244条①Ⅵ

CASE

㉓ 選挙時における政治活動の規制（その１）

① 県議会議員選挙の期間中、確認団体である△△党が、「教育と環境の△△党です。ともに戦う△△党候補者へ皆様のご支援をよろしくお願いします」と政治活動用自動車により連呼を行った。
② 県議会議員選挙の期間中、確認団体である凸凹党の県本部の職員Ａが「凸凹党演説会、○月○日○時　□□会館、弁士甲野乙郎（※甲野乙郎は県議会議員選挙の候補者）、弁士○○○○、幹事長来県！」と記載した立看板及び同一内容の記載のある、パソコン作成したポスターを街頭に掲示した。

【解説】

1 政治活動と選挙期間中における規制の概要

　広義の政治活動とは、政治上の目的をもって行われる一切の活動であり、選挙運動（特定の選挙における特定の候補者の当選を目的として行われる投票獲得のための活動）もこれに含まれる（本書§１参照）。公職選挙法では、政治活動のうち、選挙運動に当たるものについてさまざまな規制を設ける一方、選挙運動にあたらない政治活動については、原則として自由としている（たとえば、○○党の候補者を特定の選挙において当選させるための活動は選挙運動であり、○○党の主義、施策を推進、支持するための活動は選挙運動以外の政治活動である）。

　しかし、一定の選挙が行われる際には、その選挙の公示又は告示

の日から選挙期日までの間は、選挙運動とまぎらわしい政党その他の政治団体が行う一定の政治活動についてその方法が規制される。政党その他の政治団体の意義は、政治資金規正法3条にいうところのものと同義である（本書§2参照）。

したがって、純粋に個人の行う政治活動や政治団体以外の団体の行う政治活動については選挙運動にわたらない限り規制はない。

公職選挙法により選挙期間中規制される政治活動は次のとおりである。

【選挙の種類にかかわらず規制される政治活動】
①連呼行為
政治活動のための連呼行為は、すべての選挙について、公示又は告示の日から選挙期日までの間は禁止されるが、確認団体については例外的に①政談演説会の会場及び街頭政談演説の場所における連呼、②午前8時から午後8時までの間に限り、政策の普及宣伝及び演説の告知のための自動車上での連呼が認められている（公選法201条の13①Ⅰ）。ただし、選挙運動にわたる連呼行為はできない。

②公共の建物における文書図画の頒布
国、地方公共団体又は日本郵政公社が所有し又は管理する建物（専ら職員の居住の用に供されているもの及び公営住宅を除く）において文書図画（新聞紙及び雑誌を除く）の頒布（郵便等又は新聞折込みの方法による頒布を除く）をすることは、すべての選挙について禁止される（公選法201条の13①Ⅲ）。「建物」であるから、敷地や庭は除かれる。ただし、確認団体がこれらの建物で開催される政談演説会の会場においてする場合は、禁止されない。

③候補者の氏名・氏名類推事項の記載
いかなる名義をもつてするを問わず、掲示又は頒布する文書図画（新聞紙及び雑誌を除く）に、当該選挙区（選挙区がないときは、選挙の行われる区域）の特定の候補者の氏名又はその氏名が類推さ

れるような事項を記載することは、確認団体であるか否かを問わず禁止される（公選法201条の13①Ⅱ）。規制対象となるのは新聞・雑誌を除くすべての文書図画である。なお、「氏名が類推されるような事項」とは、特定候補者の通称、略称、写真、似顔絵あるいは氏名等を関した団体名等がこれにあたる。

④選挙期間前に掲示されたポスターに氏名等を掲示された者が候補者となった場合のポスターの撤去

公示又は告示日までに掲示した政党その他の政治団体の政治活動用ポスターについては、当該ポスターに氏名を記載された者が候補者となったときは、候補者となった日のうちに、当該ポスターを撤去しなければならない（公選法201条の14）。これは、平成11年の法改正により新設された規定である。政党所属の立候補予定者の氏名、顔写真と党首等他の人物のそれとが合わせて記載された政党の政治活動用ポスター（いわゆる2連ポスター、3連ポスター）については、公示日又は告示日のうちに撤去しなければならない。

【特定の選挙において規制される政治活動】

ア～カの各選挙の公示又は告示の日から選挙期日までの間は、政党その他の政治団体が行う①～⑦の政治活動が規制される。ただし、確認団体又は支援団体（以下、「確認団体」という）とよばれる一定の要件を備えた政党その他の政治団体については、公示又は告示の日から選挙期日の前日までの間（以下、「選挙運動期間」という）、一定の制約の下にこれを行うことが認められる。なお、衆議院議員選挙にあっては、政党に選挙運動を認めることとしたことに伴い、確認団体制度は廃止された。

ア　衆議院議員選挙、イ　参議院議員選挙、ウ　都道府県議会議員選挙、エ　指定都市の市議会議員選挙、オ　知事選挙、カ　市長（特別区長を含む）選挙

これら以外の選挙（指定都市以外の市議会（特別区議会を含む）議員選挙、町村議会議員選挙、町村長選挙）においては①～⑦の政

治活動は、選挙運動にわたらない限り自由に行うことができる。
　①政談演説会の開催
　②街頭政談演説の開催
　③政治活動用自動車及び拡声機の使用
　④ポスターの掲示
　⑤立札及び看板の類の掲示
　⑥ビラの頒布
　⑦選挙に関する報道評論を掲載した機関紙誌の頒布又は掲示
※確認団体の要件

選挙の種類		所属候補者数	確認申請先
参議院議員の選挙	通常選挙	全国を通じて10人以上又は参議院名簿届出政党等	総務大臣
	再選挙、補欠選挙	1人以上	
都道府県・指定都市の議会の議員の選挙	一般選挙	選挙が行われる区域を通じて3人以上	当該選挙に関する事務を管理する選挙管理委員会
	再選挙、補欠選挙、増員選挙	1人以上	
知事及び市長の選挙		所属候補者又は支援候補者（※）を有すること	

（※）立候補の際無所属として届け出た候補者で特定の政治団体が推せん・支持する者

2 政談演説会

(1)　政談演説会とは、政治活動を行う団体が政策の普及宣伝を図るための演説会をいう。政治団体内部の定期大会や支部大会などその実体が政策の普及宣伝を目的としないものは政談演説会にはあたらない。

(2)　政談演説会の開催回数は、各選挙ごとに制限がある（参議院議員選挙及び知事の選挙にあっては、衆議院小選挙区選出議員

の1選挙区ごとに1回、市長（特別区長を含む）にあっては選挙の行われる区域につき2回、都道府県議会議員及び指定市の市議会議員選挙にあっては所属候補者数の4倍に当たる回数）

　政談演説会を開催する場合、確認団体は、会場所在地の都道府県選挙管理委員会（指定都市の市議会議員・長の選挙については市選挙管理委員会）にあらかじめ届け出なければならない（公選法201条の11②）。

(3)　政談演説会においては、政策の普及宣伝のほか、従として所属候補者等の選挙運動のための演説をもすることができ、候補者も弁士として自己の選挙運動のための演説をもすることができる（公選法201条の11①）。ただし、頒布又は掲示する文書図画に特定候補者の氏名・氏名類推事項を記載することは禁止されるため、登壇する候補者が氏名入のタスキの類を着用することはできない（公選法201条の13①Ⅱ）。政談演説会場においては、政治活動のための連呼行為をすることができるが（公選法201条の13①ただし書）、投票依頼など選挙運動にわたる連呼行為（公選法140条の2）は一切禁止される。会場内における文書図画の掲示については特定候補者の氏名・氏名類推事項が記載されない限り、記載内容、規格及び枚数に制限はない。会場では総務大臣又は都道府県選挙管理委員会に届け出たビラ（後述）を頒布することもできる。開催の周知については、何ら規制を受けない方法（新聞広告、パンフレット、ラジオ、テレビ等）によることは差し支えないが、ビラ、ポスター、立札・看板、連呼行為といった規制されている方法によるときは、それぞれ法定の制限に従う必要がある。

(4)　選挙運動期間に他の選挙の投票日が重なる場合には、政談演説会は、他の選挙の投票日当日投票所を閉じる時刻までの間は、投票所を設けた場所の入り口から300メートル以内の区域において開催することができない（公選法201条の12②③）。

3 街頭政談演説

(1) 街頭政談演説とは、政治活動を行う団体が街頭又はこれに類似する場所で政策の普及宣伝を図るために行う演説をいう。

(2) 確認団体は、停止した政治活動用自動車の車上及びその周囲においてのみ街頭政談を行うことができる（公選法201条の6①Ⅱ、201条の8①Ⅱ、201条の9①Ⅱ）。街頭政談演説を行うことができる時間は、午前8時から午後8時まで（公選法201条の12①）であるが、開催回数に制限はない。また従事人数に関する制限もない。

(3) 街頭政談演説において従として選挙運動のための演説をもすることができる（公選法201条の11①）。この場合、164条の5の規定が適用除外となるため街頭演説用標旗の掲示は不要であるが、特定候補者の氏名・氏名類推事項の記載は禁止されるので（公選法201条の13①Ⅱ）、候補者名入のタスキの類を着用することはできない。

連呼行為の規制（公選法201条の13）及び選挙運動期間に他の選挙の投票日が重なる場合の規制（公選法201条の12②）については、政談演説会の場合と同様である。

4 政治活動用自動車及び拡声機の使用

(1) 政策の普及宣伝（政党その他の政治団体の発行する新聞紙、雑誌、書籍及びパンフレットの普及宣伝を含む）及び演説の告知のための自動車（政治活動用自動車）の台数は、各選挙ごとに制限があり（参議院議員通常選挙にあっては6台（候補者数が10人を超えるときは5人ごとに1台を加える）、参議院議員の再選挙・補欠選挙ならびに知事及び市長の選挙にあっては1台、都道府県及び指定都市の議会の議員の選挙にあっては1台（候補者数が3人を超えるときは、5人ごとに1台を加える））（公選法201条の6①Ⅲ、201条の8①Ⅲ、201条の9①Ⅲ）。

自動車には、確認書交付の際、総務大臣又は当該選挙に関する事務を管理する選挙管理委員会から交付された政治活動用自動車であることを証する表示板を冷却器の前面その他外部から見やすい箇所に、常時掲示しておかなければならない（公選法201条の11③）。

自動車には立札・看板の類を自由に掲示することができ、その規格、枚数、記載内容に制限はないが、特定候補者の氏名・氏名類推事項の記載は禁止される。

車上において午前8時から午後8時までの間に限り、政治活動のための連呼行為を行うことができる。なお、乗車制限はないが、道路交通法の規制には従わなければならない。

(2) 政策の普及宣伝（政党その他の政治団体の発行する新聞紙、雑誌、書籍及びパンフレットの普及宣伝を含む）及び演説の告知のための拡声機は、政談演説会の会場、街頭政談演説（政談演説を含む）の場所及び政治活動用自動車の車上においてのみ使用することができる（公選法201条の6①ⅢのⅡ、201条の8①ⅢのⅡ、201条の9①ⅢのⅡ）。したがって、政談演説会の届出を行っていない一般の集会における特定の政党の政策を周知するための拡声機の使用、政党機関紙の購読依頼のための街頭政談演説以外の場所での拡声機の使用などは禁止される。

5 ポスターの掲示

(1) 確認団体が掲示することができるポスターの規格は、長さ85センチメートル、幅60センチメートル以内のものに限られ、掲示できる枚数は、各選挙ごとに個別に定められている（公選法201条の6①Ⅳ、201条の8①Ⅳ、201条の9①Ⅳ）。なお、政党その他の政治団体のシンボル・マークのみを印刷した図画の掲示もポスターの掲示に含まれるため、制限枚数以外に掲示することはできない。

(2) ポスターの記載内容は、純然たる政治活動に関することだけ

でなく所属候補者等のための選挙運動にわたる内容も記載できるが（公選法201条の6②、201条の8②、201条の9②）、特定の候補者の氏名・氏名類推事項を記載することは禁止される（公選法201条の13①Ⅱ）。したがって、「あなたの一票を○○党の候補者へ」の記載は差し支えないが、「あなたの一票を○○党の候補者■■へ」と記載したり、ポスターの掲示責任者あるいは政談演説会の弁士として当該選挙区の候補者の氏名を記載することはできない。ポスターの表面には、当該政党その他の政治団体の名称、掲示責任者及び印刷者の氏名（法人にあっては名称）及び住所を記載しなければならない（公選法201条の11⑤）。また、ポスターには、掲示箇所の所在する都道府県の選挙管理委員会（参議院議員の通常選挙、比例代表選出議員の再選挙又は補欠選挙については総務大臣、指定都市の市議会議員及び市長の選挙については市の選挙管理委員会）の検印を受け又は交付する証紙を貼らなければ掲示できない（公選法201条の11④）。

(3) ポスターの掲示箇所については、国、地方公共団体若しくは日本郵政公社が所有し若しくは管理するもの又は不在者投票管理者の管理する投票を記載する場所には、掲示することができない。ただし、橋りょう、電柱、公営住宅及び地方公共団体の管理する食堂及び浴場においてはその管理者の承諾があれば掲示できる（公選法201条の11⑥）。

6 立札及び看板の類の掲示

(1) 政党その他の政治活動を行う団体が政治活動のために使用する立札及び看板の類（政党その他の政治団体のシンボル・マークのみを表示したものを含む）については、公示又は告示の日から選挙期日までの間に限り、政党その他の政治団体の本部又は支部の事務所において掲示するものを除き掲示することができない（公選法201条の5）。なお、「の類」とは横断幕、懸垂

幕、ノボリ、アドバルーンなどその使用方法が立札・看板と類似するものを指す。ただし、確認団体は、次のものを使用することができる（公選法201条の6①Ⅴ）。
　　①政談演説会告知用のもの及びその会場内で使用するもの、②政治活動用自動車に取り付けて使用するもの
(2)　規格制限はないが、枚数制限は、政談演説会告知用のものについては、1の政談演説会ごとに立札及び看板の類を通じて5個以内に限られる。政談演説会場内で使用するもの及び政治活動用自動車に取り付けて使用するものには枚数制限はない。
(3)　記載内容は、ポスターの場合とは異なり、所属候補者等の選挙運動にわたることは記載できない。また、氏名・氏名類推事項を記載することは禁止される（公選法201条の13①Ⅱ）。政談演説会告知用の立札及び看板の類の表面には、掲示責任者の氏名（法人にあっては名称）及び住所を記載するとともに当該政談演説会場の所在する選挙管理委員会の定める表示をしなければならない（公選法201条の11⑧⑨）。
(4)　ポスターの掲示箇所については、国、地方公共団体若しくは日本郵政公社が所有し若しくは管理するもの又は不在者投票管理者の管理する投票を記載する場所には、掲示することができない。ただし、橋りょう、電柱、公営住宅及び政談演説会の会場内及び会場前並びに公園、広場、緑地及び道路においてはその管理者の承諾があれば掲示できる（公選法201条の11⑥、公選則31条の3）。

【 CASE の検討 】
①について
　県議会議員選挙の候補者の所属する確認団体△△党が政治活動用自動車により連呼を行う際は、午前8時から午後8時までの間に限り、政策の普及宣伝及び演説の告知のための連呼が認められている。しかし、選挙運動にわたる連呼行為はできない。「ともに戦う△△党候補者へ皆様のご支援をよろしくお願いします」という部分は、明らかに選

挙運動にわたる連呼と認められるため、政党その他の政治活動を行う団体の政治活動の規制違反（201条の13①Ⅰ、252条の3①。政治活動を行う団体の役職員又は構成員として当該違反行為をした者は、100万円以下の罰金）にあたる。
②について
　選挙期間中であっても政党その他の政治団体の政談演説会告知用立札・看板の類の掲示は認められる。しかしながら、政党職員Ａが「凸凹党演説会、○月○日○時　□□会館、弁士甲野乙郎（※甲野乙郎は県議会議員選挙の候補者）、弁士○○○○、幹事長来県！」と記載した政談演説会告知用の立看板を掲示したことについては、弁士として候補者の氏名を記載していることから、政党その他の政治活動を行う団体の政治活動の規制違反（201条の13①Ⅱ、252条の3①。政治活動を行う団体の役職員又は構成員として当該違反行為をした者は、100万円以下の罰金）にあたる。
　さらに、同一内容の記載のある、パソコン作成したポスターを街頭に掲示したことについては、①弁士として候補者の氏名を記載したことは、政党その他の政治活動を行う団体の政治活動の規制違反（201条の13①Ⅱ、252条の3①。政治活動を行う団体の役職員又は構成員として当該違反行為をした者は、100万円以下の罰金）に、②県選挙管理委員会の検印を受け又は交付する証紙を貼ることなく掲示したことについては、政党その他の政治活動を行う団体の政治活動の規制違反（公選法201条の11④、252条の3②。政治活動を行う団体の役職員又は構成員として当該違反行為をした者は、50万円以下の罰金）にあたる。
　なお、以上の看板及びポスターの掲示を選挙運動の禁止を免れる意図で行ったものであれば、法146条違反が成立することが考えられる。

【参照条文】
公職選挙法第201条の11、第201条の13、第252条の3

> **CASE**
> **㉔ 選挙時における政治活動の規制（その２）**
>
> ①　県議会議員選挙の確認団体凸凹党が、県民文化ホール（県の所有管理）にて開催された所属候補者の個人演説会の聴衆に対し、確認団体の届出ビラ及び選挙に関する報道評論を掲載した機関紙（本部で発行する県選管に届出済のもの）を配布した。さらに当該機関紙を新聞折込にして、市内各戸に無差別に頒布した。
> ②　上記凸凹党が、機関紙号外に県議会議員選挙に関する報道、評論を掲載した。

【解説】

1 ビラの頒布

(1)　確認団体が頒布することができるビラ（チラシ、リーフレットとよばれるものや着用していないワッペンなども含まれる）は、参議院議員の通常選挙及び比例代表選出議員の再選挙又は補欠選挙については総務大臣に届け出た３種類以内、それ以外の選挙については当該選挙に関する事務を管理する選挙管理委員会に届け出た２種類以内のものでなければならない。なお、枚数及び規格に制限はない（公選法201条の6①Ⅵ、公選法201条の7、公選法201条の8①Ⅵ、公選法201条の9①Ⅵ）。

(2)　ビラの記載内容は、純然たる政治活動に関することだけでなく所属候補者のための選挙運動にわたる内容も記載できるが、特定の候補者の氏名・氏名類推事項を記載することは禁止される（公選法201条の6②、201条の8②、201条の9②）。

　　ビラの表面には、当該政党その他の政治団体の名称、選挙の

種類及び公選法上の法定ビラである旨を表示する記号を記載しなければならない（公選法201条の11⑤）。なお、政党その他の政治団体のシンボル・マークのみを表示したビラの頒布も政治活動用ビラの頒布にあたるため届出を要する。

(3)　ビラの頒布方法には特段の制限はないため、政談演説会の会場、街頭での通行人への手渡し、郵便、新聞折込等が可能である。選挙人宅を訪問して配布することについては、郵便受けへの投入は訪問にあたらない場合が多いとしても、家人に面会を求めて配布すると「政党その他の政治団体の名称を言い歩く」行為と認められて戸別訪問になることがある。

　なお、候補者の個人演説会場において参加者に当該ビラを配布することは可能であるが、国、地方公共団体等が所有、管理する建物においては、新聞紙及び雑誌を除く文書図画を頒布することが禁止されているため、公営施設使用の個人演説会場においては当該ビラの配布はできない（公選法201条の13①Ⅲ）。ただし、確認団体がこれらの建物で開催される政談演説会の会場においてする場合は、禁止されない（公選法201条の13①ただし書）。

2　政党その他の政治団体の機関紙誌

(1)　選挙の公示又は告示の日から選挙期日までの間における新聞紙、雑誌（以下、「機関紙誌」という）の選挙に関する報道、評論については、公職選挙法148条の要件を具備したものに限り選挙に関する報道、評論を掲載することができるが、政治活動の規制のある選挙（衆議院議員、参議院議員、都道府県の議会の議員、都道府県知事、指定都市の議会の議員又は市長の選挙）の公示又は告示の日から選挙期日までの間における、政治団体の機関紙誌については、公職選挙法148条3項が適用されず、同法201条の14の規定により別個の取り扱いがなされる。

　衆議院議員の選挙にあっては候補者届出政党又は衆議院名簿

届出政党等の本部、衆議院議員の選挙以外の選挙にあっては確認団体が総務大臣（都道府県の議会の議員、都道府県知事、指定都市の議会の議員又は市長の選挙については、当該選挙に関する事務を管理する選挙管理委員会）に届け出たもの各一に限り選挙に関する報道・評論を掲載し、これを通常の方法で頒布、掲示することができる（201条の14）。したがって知事や市長の選挙において無所属候補者を支援するための確認団体が設立されている場合、確認団体となっていない政党の機関紙誌には選挙に関する報道・評論を掲載することはできない（東京高判S. 40. 11. 26）。

(2) 選挙に関する報道、評論を掲載することができる機関紙誌の要件

①確認団体の本部において直接発行するもの

　本部自らが編集発行をなしたか、少なくともこれと同一視できる程度に編集発行に関与したことを要する（札幌高判函館支判昭和39. 12. 21）。本部において直接発行する機関紙誌の一部に地方版を設けることは差し支えない。

②通常の方法で頒布するもの

　「通常の方法」とは、

ア　当該機関紙誌で引き続いて発行されている期間が6月以上のものについては、当該選挙の期日の公示又は告示の日前6月間において平常行われていた方法をいい、その間に行われた臨時又は特別の方法を含まない。「平常行われていた方法」とは、頒布の主体、手段、対象、部数、回数、対価等からみて、従来行ってきた方法又は慣例とされている方法（札幌高判函館支判昭和39. 12. 21）である。

イ　当該機関紙誌で引き続いて発行されている期間が6月に満たないものについては、政談演説会（衆議院議員の選挙にあっては、政党演説会又は政党等演説会）の会場においてする場合に限る。

ウ　機関新聞紙については、政談演説会（衆議院議員の選挙にあっては、政党演説会又は政党等演説会）の会場において頒布する場合は、通常の方法で頒布する場合に含まれる。一方、機関雑誌については、政談演説会又は衆議院議員の選挙における政党演説会もしくは政党等演説会の会場において通常頒布していた実態がなければならない。

③総務大臣（都道府県の議会の議員、都道府県知事、指定都市の議会の議員又は市長の選挙については、当該選挙に関する事務を管理する選挙管理委員会）に届け出たもの各1。

　「各1」とは、新聞紙、雑誌のいずれかを1種類又は新聞紙、雑誌をそれぞれ1種類ずつの意である。この届出には、当該機関紙誌の名称並びに編集人及び発行人の氏名その他政令で定める事項（創刊年月日、発行方法及び引き続いて発行されている期間）を記載しなければならない（公選法201条の14②、公選令129条の7）。

④当該機関紙誌の号外、臨時号、増刊号その他の臨時に発行するものではないこと。

　なお、当該機関紙誌の号外、臨時号、増刊号その他の臨時に発行するもので当該選挙に関する報道及び評論を掲載していないものについても、当該選挙区（選挙区がないときは、選挙の行われる区域）の特定の候補者の氏名又は氏名類推事項が記載されているときは、当該選挙区又は選挙の行われる区域内においては頒布することができない（公選法201条の14③）。

【 CASE の検討 】

①について

　公営施設使用の個人演説会において確認団体が政治活動用の届出ビラを配布することは、公共の建物における文書図画の頒布の禁止に違反し、罰則（公選法201条の13①Ⅲ、252条の3①）。

政治活動を行う団体の役職員又は構成員として当該違反行為をした者は、100万円以下の罰金）の適用がある。

　また、選挙期間中においては、選挙に関する報道評論を掲載した機関紙の頒布方法は、通常の方法で頒布するものでなければならないこととされている。発行期間が6月以上の機関紙の場合、当該選挙の告示の日前6月間において平常行われていた方法によらなければならないが、個人演説会場において頒布することは、当然、通常の頒布方法にはあたらない。さらに当該機関紙を新聞折込みにして、市内各戸に無差別に頒布した行為についても、社会通念上、通常の頒布方法とは認められない。この点については、政党その他の政治活動を行う団体の政治活動の規制違反となり、罰則（公選法201条の15①において準用する148条②、252条の3①。政治活動を行う団体の役職員又は構成員として当該違反行為をした者は、100万円以下の罰金）の適用がある。

②について

　当該機関新聞紙又は機関雑誌の号外、臨時号、増刊号その他の臨時に発行するものについては当該選挙に関する報道及び評論を掲載することができない（公選法201条の15①）。

　上記凸凹党が、選挙に関する報道評論を掲載した行為については、新聞紙、雑誌が選挙の公正を害する罪に該当し、罰則（235条の2Ⅱ。その新聞紙の編集を実際に担当した者又は経営を担当した者は、2年以下の禁錮又は30万円以下の罰金）の適用がある。

【参照条文】
公職選挙法第201条の13、第201条の15、第235条の2、第252条の3

● 事例解説 すぐわかる選挙運動

> **CASE**
> **㉕ 選挙期日後のあいさつ行為**
>
> ① 町長Aは、町長選挙において三選を果たした直後、町の広報誌の巻頭に次のような文言を掲載させた。
> 　「この度の町長選挙におきましては、皆様方のあたたかい御支援をもちまして三たび当選の栄に浴することができました。心より御礼申し上げます」
> ② 市議会議員に当選した甲の後援会長Bは、支援者に対しワープロ書で「選挙の御支援に深謝し、さらなる御指導御鞭撻を賜りたい」旨の信書を作成、郵送した

【解説】

選挙期日後のあいさつ行為の制限

　何人も、選挙の期日（無投票となったときはその旨の告示の日）後において、当選又は落選に関し、選挙人にあいさつする目的をもつて次に掲げる行為をすることができない（公選法178条）。
　1　選挙人に対して戸別訪問をすること。
　2　自筆の信書及び当選又は落選に関する祝辞、見舞等の答礼のためにする信書を除くほか文書図画を頒布し又は掲示すること。
　3　新聞紙又は雑誌を利用すること。
　4　第151条の5に掲げる放送設備を利用して放送すること。
　5　当選祝賀会その他の集会を開催すること。
　6　自動車を連ね又は隊を組んで往来する等によって気勢を張る行為をすること。
　7　当選に関する答礼のため当選人の氏名又は政党その他の政治

団体の名称を言い歩くこと。

【 CASE の検討 】

①について
　「町長選挙」、「皆様方のあたたかい御支援」「三たび当選の栄に浴することができました」、「心より御礼申し上げます」との文言があり、全体として明らかに町長選挙における選挙人へのあいさつと認められる体裁と考えられる。たとえ町の広報誌であっても当選に関し、選挙人にあいさつする目的で文書を頒布したことにちがいはなく、罰則（公選法178条、245条。30万円以下の罰金）の適用がある。

②について
　選挙期日後のあいさつ行為のうち、文書図画の頒布又は掲示について許されるのは、「自筆の信書」又は「当選又は落選に関する祝辞、見舞等の答礼のためにする信書」であり、ワープロ書で作成した信書を上記答礼以外のために頒布することは禁止され、罰則（公選法178条、245条。30万円以下の罰金）の適用がある。

【参照条文】
公職選挙法第178条、第245条

CASE

㉖ 買収罪（事前買収罪、事後買収罪、利益収受・要求・承諾罪、交付罪・受交付罪、周旋勧誘罪）

① 市議会議員甲の後援会長を務めるAは、市議会議員選挙の選挙対策委員長の肩書きを有し、選挙事務の総責任者として活動している。Aは、候補者に当選を得しめる目的で、選挙人Bに対し投票とりまとめなどの選挙運動を依頼し、その報酬として現金数万円と商品券を供与した。Bはこの趣旨を了知して現金等を受領した。また、Aは投票日当日、タクシーを雇って有権者を投票所へ送迎した。

　一方、Cは、Aの依頼を受けて、同じ町内に住む有力者乙に甲への票のとりまとめ役を依頼しようと考え、どのくらい出せばとりまとめをやってくれるかその金額について乙と折衝し、その意向をAに伝達して買収金額の合意が成立するまで仲介を行った。

② 知事の選挙運動員Dが、選挙期間中、未成年者を含む女子学生数人をウグイス嬢として雇用し、車上の選挙運動に対してアルバイト料として時給1000円を支払ったが、県選管への報酬の支給を受けることができる者の届出を行っていなかった。

③ 市議会議員選挙の候補者Eが、自分の後援会の事務員として雇用した女性数名に来客応対や後援会関係の書類作成等の事務を行わせるとともに、電話帳に登載されている選挙人に対して無作為に電話をかけて所定の原稿に沿って自分への投票依頼を行わせ、一連の作業に対する報酬として、各々に日給として現金数千円を供与した。彼らはこの趣旨を了知して現金を受領し

た。
④　県議会議員選挙において某候補者を支援している町議会議員Ｆが、同僚の議員Ｇら数人に対して、町議会議員の後援団体に対する寄附金の名目で併せて選挙運動報酬にもあててもらおうと考えて現金数十万円の供与の約束をし、議員らはこれを承諾したが、結局約束は履行されなかった。
⑤　県議会議員選挙に立候補して落選したＨが、選挙期日後、選挙運動をやってもらった報酬として支持者らにビール券を供与し、支持者らはこの趣旨を了知して商品券を受領した。
⑥　町議会議員の幹部運動員Ｉは、候補者に当選を得しめる目的で、選挙運動員Ｊに対し、地区内の選挙人に対する買収資金として現金数十万円を寄託し、Ｊはこの趣旨を了知して現金を受領した。

【解説】

　公職選挙法221条は買収罪について次のとおり定めている。
　○事前買収罪（221条1項1号）
　○利害誘導罪（221条1項2号）
　○事後買収罪（221条1項3号）
　○利益収受、要求、承諾罪（221条1項4号）
　○交付・受交付罪（221条1項5号）
　○周旋勧誘罪（221条1項6号）

　これらの行為を選挙人又は選挙運動者に対して行った者は、3年以下の懲役若しくは禁錮又は50万円以下の罰金（公職の候補者、選挙運動の総括主宰者等については、4年以下の懲役若しくは禁錮又は100万円以下の罰金）に処せられる。このうち、事前買収罪（公選法221条①Ⅰ）が狭義の買収罪である。

1 事前買収罪

「当選を得若しくは得しめ又は得しめない目的をもつて選挙人又は選挙運動者に対し金銭、物品その他の財産上の利益若しくは公私の職務の供与、その供与の申込み若しくは約束をし又は供応接待、その申込み若しくは約束」をすることである（公選法221条①Ⅰ）。

(1) 買収の行為者は何人であるかを問わず、また立候補の届出の前後を問わず、候補者及び選挙が特定していれば成立する。候補者自身が買収を行う場合には、「当選を得る目的」が、候補者以外の第三者が買収を行う場合には、「当選を得させる目的」又は「当選を得させない目的」が必要である。そして、利益の供与とは、投票（投票買収の場合）又は選挙運動をすること（運動買収の場合）の報酬として相手方に利得させることであり、相手方は財産上の利益の帰属者となる。そもそも、投票や選挙運動については無報酬で行われなければならないというのが選挙の大原則であり、財産上の利得を生じさせること自体が選挙の公正を害するものとして禁止されているのである。たとえば投票所に行くまでの費用は本来、選挙人が自ら負担すべきものであり、投票所までの交通費を支給すれば、その出費を免れさせたという意味で利得が生じていることになるため、買収罪にあたることとなる。

(2) 本罪は、①供与罪、②供応接待罪、③供与又は供応接待の申込罪、④供与又は供応接待の約束罪の4類型である。供与罪の客体となる「金銭、物品、その他の財産上の利益」とは、金銭、物品は例示であり、有形的なものだけではなく、たとえば債務の免除、債務の保証、商取引の申し込み、就職のあっせんなど、およそ人の欲望又は需要を満足させるに足る価値のある利益であればあらゆる形態のものがこれに含まれる。また、個人演説会に際してプロの芸人を雇って興行的価値のある娯楽を提供することも財産上の利益を提供することになると解されて

いる。このようなことから、ケース①の商品券や投票所までのタクシーによる送迎、ケース⑤のビール券もこれに該当することになる。「供与」とは、他人に金銭、物品、その他の財産上の利益又は公私の職務を授与することであり、財産上の利益は相手方の所得となる。また、「供応接待」は、一定の席を設けて飲食物を提供（供応）したり、飲食物の提供以外の方法でもてなすこと（接待）である。

(3) 供与又は供応接待の申込罪については、相手方に供与又は供応接待の意思表示をなし、相手方がこれを了知し得る状態になった時点で成立し、意思表示は明示のものであると暗黙のものであるとを問わない。また、約束罪については、供与又は供応接待をなすことについて、相手方が承諾し双方が合意することにより成立する（なお、約束が実行されれば供与罪が成立し、約束罪はこれに吸収される）。したがってケース④については、町議会議員が同僚議員らに対し政治資金に仮託したとしても、実質選挙運動報酬の供与の申し込みを行い、相手方の同僚議員らもこれを承諾していることから、約束罪が成立する。また同僚議員らについては供与の申し込みに対してその趣旨を認識しながら受諾していることから、承諾罪が成立する。後日それを取り消したとしてもそれらの罪の成立に影響はない。

(4) 選挙運動無報酬の原則の例外として、選挙運動のために使用する事務員、「ウグイス嬢」とよばれる選挙運動用自動車又は船舶の上で連呼行為等の選挙運動を行うことを本務として雇用された者（車上等運動員）及び手話通訳者については、当該選挙に関する事務を管理する選挙管理委員会に所定の届出がなされた者に対する報酬の支払いが可能（公選法197条の２）であり（本書§７参照）、これらの者に対する報酬の支払いは違法性がないため買収罪には当たらない。しかし、ケース②のようなこの届出がなされていない者に対する報酬の支払いは、違法な利益の供与として供与罪にあたることとなる。選挙運動者に

対する実費弁償についても、交通費、弁当代などについて法定限度内で支払いが認められるが、法定額あるいは実際の所要額を超えて支給した場合、超えた部分については供与罪が成立しうることとなる。

(5) 供与行為は、特定の公職の候補者の当選を図り、あるいは当選を妨げる目的が唯一の目的である必要はなく、たとえば、病気見舞い、各種のお祝い、政治団体の活動資金や後援会職員への給料といった他の目的をあわせもっていたとしても特定の公職の候補者の当選を図り、又は当選を妨げる目的をもって供与行為が行われれば、買収罪に当たることとなる。ケース③の場合、電話による投票依頼はまさに選挙運動であり、たとえ、雇用された女子職員が行った選挙運動以外の、後援会の事務作業に対する報酬の支払いという趣旨を含んでいたとしても、支給された金銭は、不可分一体として選挙運動報酬の趣旨を有しており、全体として不法性を帯びた供与罪を構成するものとなる（最判昭和29.6.19、仙台高判昭和36.11.25他）。

2 事後買収罪

「投票をし若しくはしないこと、選挙運動をし若しくはやめたこと又はその周旋勧誘をしたことの報酬とする目的」をもって選挙人又は選挙運動者に対し供与、供応接待、若しくはその申込等をすること（公選法221条①Ⅲ）によって成立する。

本罪の成立には、事前買収罪の場合と異なり、当選を得、得しめ又は得しめない目的は不要である。本罪は過去の行為に対するものであるが、運動買収に関しては、選挙期間中であっても成立しうることになる。また、投票買収に関しては、基本的には選挙期日後に成立することとなるが、期日前投票をしてもらったことに対する報酬として金銭を供与すれば選挙期間中の成立もありうることとなる。また、「周旋」とは実行行為者と選挙人又は選挙運動者との間に立って仲介することであり、「勧誘」とは、選挙人又は選挙運動

者に対して誘い勧めることである。本罪の相手方は、選挙人又は選挙運動者、選挙人又は選挙運動者であった者である。ケース⑤のように選挙運動をやってもらった報酬として支持者らにビール券を供与した行為は、まさにこれにあたる。

3 利益収受・要求・承諾罪

　事前買収罪、事後買収罪及び利害誘導罪（§28）の相手方として、「選挙人又は選挙運動者が供与又は供応接待を受けもしくは要求し、あるいは申し込みを承諾し、又は誘導に応じもしくはこれを促す」ことによって成立する（公選法221条①Ⅳ）。利益供与の場合、供与された利益を、相手方が投票買収、運動買収いずれかの趣旨を認識して現に収受したときに供与罪及び収受罪は既遂となる（最判昭和30.12.21）。たとえば、選挙運動者が他の選挙運動者より別の趣旨で金銭を受け取ったが後日になって選挙運動の報酬金であることがわかってから、これをもらっておこうと決意したとき（広島高岡山支判昭和37.3.27）あるいはその判断に必要な相当期間を経過したとき（東京地判昭和50.10.15）に収受罪が成立することとなる。したがって、買収のための金銭等を持参された場合、その場で断固として受け取りを拒絶するべきであるし、不在の時などに茶封筒にでも入ったものが投げ込まれた場合にはその趣旨がわかれば直ちに返還するべきである。それができたにもかかわらず、後日返還すればよいと漫然と金銭等を預かったままにしておくと自己の所有とする意思があったものと認定され、収受罪に問われるおそれがある。なお、金銭を受け取った相手方が依頼どおりに特定候補者に投票又は選挙運動をしようとする決意を生じたか否かは、本罪の成立に影響はない（大判昭和8.6.22）。また、後日、供与を受けた利益を返還したとしても本罪の成立に影響はない（大判昭和3.2.3）。

　要求罪は相手方が要求に応ずるか否かを問わず供与を要求したことのみで成立し、その意思表示を後日撤回しても犯罪の成立に影響

はない。また承諾罪は、供与の申込みに対して承諾を与えた場合に成立する。

4 交付罪・受交付罪

「事前買収、利害誘導、事後買収をさせる目的で、選挙運動者に対し金銭若しくは物品の交付、交付の申込み若しくは約束をし又は選挙運動者がその交付を受け、その交付を要求し若しくはその申込みを承諾したとき」（公選法221条①Ⅴ）に成立する。「供与」とは、相手方に帰属させる目的で財産上の利益を授与することをいうが、「交付」とは、相手方に寄託する目的で金銭、物品の所持を移転することをいう。交付の相手方は仲介人にすぎず、利益の帰属者ではない。たとえば、選挙運動員Ａが選挙人に金銭を授与する目的で、これを別の選挙運動員Ｂに交付する行為は、交付罪であり、Ｂがその趣旨を認識、認容して受領すれば受交付罪である。交付罪と供与罪を区分する基準として、金銭の受領者がその処分を受領者の裁量に一任されていたかどうかにより区分するものとする判例（最判昭和24.7.16他）がある。なお買収資金として順次金品の受け渡しが行われるような場合など、特定の者に対する金銭又は物品の供与を共謀した者相互の間で、その供与を目的とする金銭又は物品の授受が行われた場合も交付罪、受交付罪が成立する（最判昭和41年7月13日）。ケース⑥におけるＩは、候補者に当選を得しめる目的で、選挙運動員Ｊに対し、選挙人に対する買収資金として現金数十万円を寄託し、Ｊはこの趣旨を了知してそれを受領していることから、Ｉについては交付罪、Ｊについては受交付罪が成立する。

5 周旋勧誘罪

公職選挙法221条1項1号ないし5号の供与罪、収受罪、交付罪に該当する行為について「周旋又は勧誘」したときに成立する（公選法221条①Ⅵ）のが周旋勧誘罪である。

「周旋」とは、買収者と被買収者との間に立って、合意成立に向けて仲介することをいう。また、「勧誘」とは、買収行為の相手方となるように誘い勧めることをいう。ケース①におけるCの行為は、Aと乙とが合意に達するよう仲介していることから周旋罪が成立する。

6 刑の過重

　以上の買収の罪を、中央選挙管理会の委員若しくは中央選挙管理会の庶務に従事する総務省の職員、選挙管理委員会の委員若しくは職員、投票管理者、開票管理者、選挙長若しくは選挙分会長又は選挙事務に関係のある国・地方公共団体の公務員が当該選挙に関し犯したとき、あるいは、公安委員会の委員又は警察官がその関係区域内の選挙に関し犯したときは刑が加重（4年以下の懲役若しくは禁錮又は100万円以下の罰金）される。また、公職の候補者、選挙運動を総括主宰した者、出納責任者（公職の候補者又は出納責任者と意思を通じて当該公職の候補者のための選挙運動に関する支出金額の制限額として告示された額の2分の1以上に相当する額を支出した者を含む）又は地域主宰者（3以内に分けられた選挙区（選挙区がないときは、選挙の行われる区域）の地域のうち1又は2の地域における選挙運動を主宰すべき者として候補者又は総括主宰者から定められ、その地域における選挙運動を主宰した者をいう）が犯したときも同様に加重される。

　ケース①におけるAは、立候補届出前は後援会活動においても幹部として活動しており、選挙対策委員長の肩書きを有し、選挙の総責任者として選挙運動を行っていることから、総括主宰者の地位にあるものと認定されうる。

【 CASE の検討 】

①について
　Aには供与罪、Bには収受罪が成立する。また、Cについては

周旋罪が成立する（乙については、供与の申込みに対して承諾を与えていることから承諾罪が成立する）。なお、Aについては総括責任者として刑が加重される。
②について
　Dには供与罪、アルバイト学生らには収受罪が成立する。
③について
　Eには供与罪、事務員には収受罪が成立する。
④について
　Fの申込みにたいしてGらは承諾していることから、Fには約束罪、Gらには承諾罪が成立する。
⑤について
　Hには事後買収罪、支持者らには収受罪が成立する。
⑥について
　Iには交付罪、Jには受交付罪が成立する。

【参照条文】
公職選挙法第221条

CASE ㉗ 買収（供応接待罪）

　市議会議員選挙の候補者甲の後援会幹部Aは、甲に当選を得しめる目的で、町内会の親睦と称して会合を開催し、選挙人B他10名に対し、投票を依頼することに対する報酬として料理屋において1人当たり数千円相当の酒食の供応接待をした。招かれた選挙人のうち9名の者はその趣旨を認識した上で列席したが、Bは当初、通常の親睦会としか認識しておらず、供応接待の意図を察知するや早々に退席した。

【解説】
供応接待罪

　「供応」とは一定の席を設け飲食物を提供することにより他人をもてなすことをいう。席を設けないで自宅の玄関先等で飲食物を提供するすることは、供与にあたる。次に、「接待」とは、飲食物の提供以外の方法で他人をもてなすことをいい、映画、演劇、温泉への招待等が代表的であるが、女性を同席させてサービスをさせることもこれに該当する。

　選挙運動や投票依頼の謝礼の趣旨で供応接待がなされる以上、提供される飲食物の内容や価格は問わない。当然、飲酒の有無も犯罪の成否に関係はない。たとえ、提供された食事の1人当たりの単価は低廉であったとしても、それが選挙運動をしてもらうことや投票を依頼することについての謝礼の趣旨でなされるものであれば本罪にあたる（大判昭和10.2.1）。

　また、飲食の主たる目的が別に存在していたり、あるいは表面上は他の事柄に名を借りて行われた飲食であったとしても、相手方が

投票とりまとめや投票の報酬の意図を暗黙のうちに了解した状態の下で酒食を提供すれば同様である（東京高判昭和30.4.25）。これに対し、選挙にまったく関係のない酒席の席上でたまたま列席者に対して投票依頼をしたとしても、選挙運動に対する報酬とする目的で設けられたものではないため、供応接待罪にはあたらない（大判大正4.6.21）。あるいは、選挙に関することも含めて用談中、茶菓を提供したりたまたま食事の時間になったため通常程度の食事を提供する場合のように通常の社会的儀礼の範囲内にとどまるものについても供応接待罪にはあたらない（名古屋高判昭和29.2.4他）。

一方、供応接待を受ける選挙人としては、本事例のBのように買収の趣旨を認識したら直ちに退席したような場合はともかく、事情を知って席についた以上、飲食物の全部又は一部に手をつけなかったとしても（福岡高判昭和48.1.17）、また供与された事後にその実費を支払ったとしても（大判昭和3.2.3）受供応罪の成否に影響はなく、供応接待をした者と同様、処罰の対象となる。

供応接待罪の成立する範囲は、供応接待に要したすべての費用についてであり、自己の当選を得る目的をもつて同一の日時場所において多数の選挙人に対し饗応接待をした行為は、包括して一個の供応接待罪を構成する（最決昭和61.4.1）。

実際問題として供応接待に当たるかどうかは、会合の趣旨、出席者の顔ぶれ、供応の行われた時期及び場所などを総合して判断されることになると考えられるが、たとえ買収罪としての供応接待にはあたらなくとも、選挙運動に関することを動機として飲食物を提供することは禁止されている（法139条）からこちらに抵触するおそれがあることになる。

> 【 CASE の検討 】
>
> 　Aについては供応接待罪（法221条①Ⅰ）が成立し、供応接待の意図を察知するや早々に退席したＢを除く出席者全員について受供応接待罪（法221条①Ⅳ）が成立する。罰則はいずれも3年以下の懲役若しくは禁錮又は50万円以下の罰金。

【参照条文】
公職選挙法第221条

CASE
㉘ 買収（利害誘導罪）

① 市長選挙に立候補したAは、市内全域で道路網の整備が立ち遅れていることに着目し、自らの票田の甲川地区において開催した個人演説会において自らの政見を述べつつ、「私が当選した暁には、国とのパイプを活用して、皆様方には一切の負担をかけることなく、甲川地区を通る国道バイパスの建設を推進するとともに、市立甲川中学校を改築し県下一番の校舎建築を実現する。これらの施策を実現させるため私に投票して欲しい」旨演説し、Aの地元支援者であるBもAの依頼を受け、「甲川のためになるこれらの施策実現のためにはA先生に投票するしかない」旨と述べて投票依頼を行った。

② 町長選挙の候補者Cは、当選を得る目的で隣人のDに対し、「自分に投票してくれれば、当選後は就職浪人中のお宅の息子を役場職員に採用するので、ぜひとも支援をお願いしたい」と申し向け、DはCに謝意を示し、及ばずながら尽力する旨を伝えた。

【解説】

利害誘導罪

「当選を得若しくは得しめ又は得しめない目的をもつて選挙人又は選挙運動者に対しその者又はその者と関係のある社寺、学校、会社、組合、市町村等に対する用水、小作、債権、寄附その他特殊の直接利害関係を利用して誘導をしたとき」（公選法221条①Ⅱ）は、買収罪の一種である利害誘導罪が成立する（3年以下の懲役若しくは禁錮又は50万円以下の罰金）。

(1) 本罪については、金銭や物品を与えることは必要でなく、利害関係を利用して選挙人や選挙運動者に対し、特定の候補者に投票し若しくは投票しないよう依頼すること、又は選挙運動をし若しくはしないよう依頼することによって成立する。「誘導」とは、相手方である選挙人又は選挙運動者の決意を促し、又は現に存する決意を確実にするため、特殊の利害関係をその者に発生、変更、消滅させることを申し入れることをいう。その方法は、文書、口頭、明示、黙示を問わず、その意思表示が相手方に到達することで足りる。相手方がそれによりその意思を動かされたことは必要ない。

利害誘導を受けた相手方については利害誘導の趣旨を知りながら、これに応ずる意思表示をなすことによって、利害誘導応諾罪が成立する。また利害誘導等行為を自己に対して行うよう要求することによって利害誘導促進罪が成立する（公選法221条①Ⅳ）。応諾の意思表示は明示又は黙示を問わない。

(2) 利害誘導罪における利害関係とは、選挙運動に関係のあるすべての利害関係を意味するのではなく、「特殊の直接利害関係」に限られる。条文で挙げられている「社寺、学校、会社、組合、市町村」は例示であり、たとえば、会社員と会社、組合員と組合、生徒と教師、売主と買主、借地人と地主、檀家と寺など、選挙人の選挙に関する意思決定に影響を及ぼしうると認められる何らかの関係があれば足りる。また、その利害関係は、社会一般に共通する利害関係や間接的、反射的な利害関係ではなく、特定の限られた範囲の特別かつ直接な利害関係でなければならない。

その利害が国又は地方公共団体の区域全般に及ぶものである限り、一部の階層の人々に対する具体的対策（サラリーマン減税や中小企業振興など）の実施を公約として発表しても個人的利害や一地方の利害にはあたらないことから、本罪は成立しない。

「特殊の直接利害関係」は、さらに、次の2つに区分できる。
ア　個人的な特殊の利害関係
　　判例に現れたものとしては、債権者に対する債務の任意の履行、警察署に留置中の者の釈放、選挙人の実子に対する有利な地位への就職あっせん、個人経営の学校に対する寄附、選挙地盤の譲渡などがある。
イ　地方的社会的な特殊の利害関係
　　これは、県や市町村の住民全般に共通する広範な利害関係ではなく、主として一地方の選挙人に対し密接な利害関係のある事項で、選挙人の意思を動かしうるようなものをいう。たとえば、道路の改修、鉄道の敷設、学校の設置、河川の改修などがあるが、いずれも政治的、政策的な内容を伴うものであり、マニフェスト選挙の重要性がいわれる昨今、とりわけ候補者が当選した暁に実現に努力しようとする事項を発表することは当然のことでもある。この点からも正当な政見発表と特殊の利害関係との線引きが問題となるところである。
　　この点についての基準として、一地方にのみ直接の利害関係があるか否かということがある。国又は都道府県の選挙において一市町村のみに利害関係のあることを政策として述べたり、市町村の選挙において、一地区にのみ利害関係のあることを政策として述べたりすることについて判例は、その利害関係が客観的にみて主として直接に一地方又は一部の住民に密接な関係があり、それを強調することによってそれらの者の意思を動かしうると認められるような場合は、たとえそれが国又はその地方全般の利害に関係があるとしても、「特殊の直接利害関係」にあたると解している（大判昭和6.2.28、大判昭和9.6.6）。
　　本罪にあたるとされた判例には、次のようなものがある。
　　・郡会議員の候補者が、主として特定の市町村に関係のある特定の里道を郡道とすることに尽力する旨述べたとき

　　　　（大判大正5.2.16）
　　・県議会議員候補者が、A村に堤防を築造すること、AB地区間の道路を県道とすること、A村に県立工業学校と鉄道の停車場を設置することを説いたとき（大判大正5.11.15）
　　・衆議院議員選挙に際して、選挙運動者が、特定の河川につき沿岸町村の選挙人に対しその河川の改修事業の完成に便宜であるからといって特定の候補者を推薦したとき（大判大正10.2.5）
　　・県会議員選挙において、ある村の選挙人に対し、その村に自動車の通ずる道路を敷設する必要を力説し、その実現に有力な某候補に投票されたい旨依頼したとき（大判昭和11.3.26）
　　・市議会議員選挙において、特定の地域の選挙人に対し、当選の上はその居住する場所の道路を市の予算又は私財をもって舗装するよう努力すると述べたとき（最決昭和31.7.11）
　　　これに対し、住民らに対し、両候補者がトンネル、林道の敷設等につき同村の利益になるよう尽力したという過去の利害関係を述べ、両候補者が当選すれば今後も同村のためになることをやってもらえる旨抽象的に述べたのみでは、利害誘導罪の構成要件を充足するものとは認められないとするものがある（高松高判昭和43.7.25）。
(3)　実際問題としてこの認定はすこぶる困難を伴うものではあるが、たとえば道路整備など特定の政策分野において当該市町村や地区が他の市町村や地区に比べて立ち遅れている場合に、それを解消するための施策を行うのはまさに政治の役割であり、そのような政見を発表することまでも買収として処罰する趣旨とは考えられない。ある施策を実現させる必要性が選挙区内のどの市町村・地区にも共通してあるにもかかわらず、特定の市

町村・地区だけを有利に実施し、結果として他の地域を不当に差別することにつながるような利己的・部分的利益を好餌として選挙人の自由意思によるべき投票行動を左右するに至れば本罪にあたると解すべきであろう。

【 CASE の検討 】

①について

　Aについては、「皆様方には一切の負担をかけることなく、甲川地区を通る国道バイパスの建設を推進する」「市立甲川中学校に県下一番の校舎建築を実現する」と選挙人に対して申し向けており、市内全域で道路網の整備が必要な状況下にもかかわらず、特定地区への優先的な道路建設を明言するとともに、県下一番の校舎建築といった表現を用いて投票依頼をしていることから、特殊の直接利害関係を利用して誘導したものと認められる。

　Bについては、Aの利害誘導を促す行為に応じ、選挙人に対してAと同様の働きかけをしていることから、やはり特殊の直接利害関係を利用して誘導したものと認められる。

②について

　Cは、Dに対し、子弟の就職の世話という個人的な特殊の直接利害関係を利用して投票依頼を行ったものと認められる。またDは、Cへの働きかけに対し謝意を伝えていることから、利害誘導の趣旨を知りながら、これに応ずる意思表示をなしたものと認められる。

　以上、A、B、Cについては利害誘導罪（法221条①Ⅱ）が成立し、Dについては、利害誘導の趣旨を知りながらこれに応諾する意思表示をなしていることから、利害誘導応諾罪（法221条①Ⅳ）が成立する。罰則はいずれも3年以下の懲役若しくは禁錮又は50万円以下の罰金である。

【参照条文】

公職選挙法第221条第1項第2号、第4号

CASE

㉙ 買収（多数人買収、常習買収、候補者等に対する買収、新聞紙、雑誌の不法利用罪）

① 　某法人の代表を務めるAは、自分が支持する候補者甲の当選を得しめる目的で会員を買収するとともに自己の財産上の利益を図ろうと考え、当該法人の会員100名分の投票を1票につき5千円で買収して残余は自己の所得とするため合計100万円で買収することを請け負う申し込みを甲の選挙運動員に対して行った。

② 　Bは、前回の乙川市議会議員選挙及び一昨年執行された甲山県知事選挙において買収行為により検挙され、いずれも罰金刑に処せられているが、さらに本年4月執行の任期満了に伴う乙川市議会議員選挙においても選挙人に現金を供与するなどの買収行為を行った。

③ 　Cは市議会議員選挙への立候補を考えているが、同じ地区を地盤とする現職議員Dがいては当選がままならないと思い、立候補を断念させる目的でDに対して現金を供与し、Dはこれを受け取ったが結局立候補した。

④ 　定期購読者にのみ有償頒布するミニコミ誌の編集発行人をしているEは、懇意にしている会社社長の友人Fが市長選挙に立候補しようとしていることを知り、Fに有利になるような記事を掲載してやるから少しばかり寄附を行ってくれるようもちかけ、Fは、当選に少しでも有利になるのならば安いものと考えて、Eの口座に現金数十万円を振り込んだ。Eは、約束どおりFのこれまでの経営人としての業績をたたえ、新時代の市長に最もふさわしい人物である旨、現市政の一日も早い刷新が必要である旨の記事を掲載した。

【解説】

1 多数人買収罪・多数人買収請負罪

(1) 財産上の利益を図る目的をもって、公職の候補者又は公職の候補者となろうとする者のために、多数の選挙人又は選挙運動者に対し買収行為を自ら行ったり、他の者を使ってさせた場合、あるいは、買収行為をすることを自ら請け負い若しくは請け負わせ又はその申込みをしたときは、多数人買収罪・多数人買収請負罪として処罰される（公選法222条①、5年以下の懲役又は禁錮）。公職の候補者、総括主宰者、出納責任者、実質的に出納責任者に相当する者又は地域主宰者がこの罪を犯したときは、刑が加重され、6年以下の懲役又は禁錮に処せられる（公選法222条③）。

多数人買収罪は、買収行為によって私腹をこやそうとするいわゆる選挙ブローカーを取り締まるための規定である。本罪は、「利を図る目的」で「多数人」を買収する行為を特に重く罰することとしている。

「多数人」とは、規定はないが、選挙の種類、選挙区の大きさ、選挙区内の有権者数等具体的な状況によって判断すべきものと解されている。

自ら買収するだけでなく、第三者に買収させる場合を含み、第三者は複数でもよい。候補者等から得た買収資金を全部使い切ってしまい買収者が現実に財産上の利益を得ることができなかった（足がでた）としても犯罪の成否に影響はない。

(2) 多数人買収罪の場合、買収行為を実際に行ったことはもちろん、ケース①のように買収行為を請け負うことを申し込むこと自体が処罰される。

多数人買収請負罪は、候補者又は候補者となろうとする者のために、多数人を買収することを、①自ら請け負い、②第三者に請け負わせ、③請負の申し込みをする、ことによって成立す

る。

　被申込者は誰であろうと本罪が成立し、必ずしも候補者本人又は候補者のためにその申し込みを受諾、伝達できる立場にある者に対して申し込みをしなくともよい。

2 常習買収罪

　買収罪を犯した者が常習者であるときは、刑が加重され5年以下の懲役又は禁錮に処せられる（公選法222条②）。

　常習買収罪は、買収罪を犯した者が常習者であるときに成立する。利益を図る目的は不要である。常習者の買収行為であれば、1人に対する1回の買収行為であってもよい。過去に複数の選挙において買収行為を繰り返した者は、常習買収者にあたると判断される場合がある。たとえ不起訴となって刑罰を科されていなくても買収行為を反復した事実があればよい（大判昭和11.5.11）。

3 候補者等に対する買収

(1)　①公職の候補者、公職の候補者となろうとする者又は当選人に対し、立候補の断念又は当選の辞退をさせることを目的として供与、供応接待及び利害誘導をなすこと（公選法223条①Ⅰ）、②公職の候補者たること若しくは公職の候補者となろうとすることをやめたこと、当選を辞したこと又はその周旋勧誘をしたことの報酬とする目的をもって供与及び供応接待をなすこと（公選法223条①Ⅱ）、③公職の候補者であった者、公職の候補者となろうとした者又は当選人であった者が供与、供応接待を受け若しくはこれを要求し、その申込みを承諾し、又は利害誘導に応じ若しくはこれを促すこと（公選法223条①Ⅲ）、④前3号に掲げる行為に関し周旋又は勧誘をなすこと（公選法223条①Ⅳ）によって成立する。罰則は、4年以下の懲役若しくは禁錮又は100万円以下の罰金である。

(2)　候補者等に対する買収の場合、現実に立候補の断念や当選の

辞退がなされる必要はなく、ケース③のような場合でも、本罪は成立する。また、候補者等に対する事後買収の場合、立候補断念の報酬とする目的をもって買収をなせば、立候補断念の動機が別のところにあったとしても本罪が成立するとされる（大判昭和8.12.11）。

4 新聞紙、雑誌の不法利用罪

(1) 「何人も、当選を得若しくは得しめ又は得しめない目的をもつて新聞紙又は雑誌の編集その他経営を担当する者に対し金銭、物品その他の財産上の利益の供与、その供与の申込若しくは約束をし又は饗応接待、その申込若しくは約束をして、これに選挙に関する報道及び評論を掲載させることができない」（公選法148条の2①）ものとされ、これに違反した場合には、5年以下の懲役又は禁錮に処せられる（公選法223条の2①）。これは、言論買収ともいわれる新聞紙又は雑誌の持つ影響力を不正行為により利用しようとした者を処罰する規定であり、一般の買収罪より重く処罰される。ここでいう新聞紙、雑誌の意義については、選挙期間中及び選挙当日において選挙に関する報道、評論ができる公職選挙法148条3項の要件を備えているものに限られない。

なお、「掲載」とは、印刷し、頒布し得る状況に至ったときをいう。

被買収者側の「新聞紙又は雑誌の編集その他経営を担当する者」とは、通常、新聞社、雑誌社の社長、編集長がこれに当たるが、新聞や雑誌に報道、評論を掲載するにつき事実上影響力を有する立場にある者も含まれる。取材記者や事務職員は含まれない。

(2) 新聞紙又は雑誌の編集その他経営を担当する者は、供与、饗応接待を受け若しくは要求し又は申込を承諾して、これに選挙に関する報道及び評論を掲載することができない（公選法148

条の2②)。

(3) 何人も、当選を得若しくは得しめ又は得しめない目的をもって新聞紙又は雑誌に対する編集その他経営上の特殊の地位を利用して、これに選挙に関する報道及び評論を掲載し又は掲載させることができない（公選法148条の2③）。「特殊の地位」とは、新聞紙又は雑誌に報道及び評論を掲載させるにつき事実上相当の影響力を及ぼしうる地位をいい、大株主のような事実上の発言力のある者もこれに含まれる。

本罪が成立するためには、実際に新聞紙誌に選挙に関する報道、評論を掲載しまたは掲載させることが必要である。報道の真否、評論の当否及びその動機のいかんは問わないと解されている（最判昭和37.3.27）。

【 CASE の検討 】

①について

Aは、自己の財産上の利益を図る目的で、自分が支持する候補者のため100名という多数の選挙人に対する買収の請け負いの申し込みの意思表示を行っていることから、多数人買収請負罪（5年以下の懲役又は禁錮）にあたる（公選法222条①）。

②について

Bは、4年前の前回市議会議員選挙、2年前の知事選挙及び本年の市議会議員選挙と、短期間に、種類の違う選挙において反復して買収行為を行っていることから、常習性が認められると考えられ、常習買収として5年以下の懲役又は禁錮に処せられる（公選法222条②）。

③について

Cは、立候補を断念させる目的でDに対して現金を供与しており、Dが現実に立候補の断念をしなかったとしても、Cについては供与罪（公選法223条①Ⅰ）、Dについては収受罪（公選法223条①Ⅲ）が、それぞれ成立する。

④について
　雑誌の編集発行人であるEは、Fに対して、当選に有利になる記事の掲載の対価として金銭の供与を要求し、Fは当選を得る目的でEに現金を供与して選挙に関する報道評論を掲載させていることから、ともに雑誌の不法利用の意図があるものと認められる、したがって、Eについては、新聞紙、雑誌の不法利用罪（公選法148条の2②、223条の2①。5年以下の懲役又は禁錮）が成立する。また、Fについても新聞紙、雑誌の不法利用罪（公選法148条の2①、223条の2①）が成立し、候補者がこれを犯していることから、223条の2②により刑が加重（6年以下の懲役又は禁錮）される。

【参照条文】
公職選挙法第222条、第223条、第148条の2、第223条の2

CASE
㉚ 選挙の自由妨害罪、投票干渉罪

① Aは、個人演説会場において○○党公認候補が自らの支持する△△党の政策を批判する演説を行ったことに立腹し、大声で罵声を浴びせ、不規則に拍手、足踏みをするなどしてしばらくの間、演説内容を聴き取れなくした。また、衆議院候補者届出政党が承諾を得て民家の塀に貼った、法定の証紙の貼付された選挙運動用ポスターを、同党に批判的な立場の隣人Bは、当該ポスターの上に別のポスターを貼って見られない状態にした。
② 卸問屋を経営するCは、自らが支援する候補者の対立候補○○を支援する商社の経営者に電話をかけ、「○○を支援するのなら今後、お宅の会社との一切の取引を停止するぞ」と執拗に申し向けた。
③ 社会福祉施設を経営するDは、文字がよく書けない入所者に代わってDが支援する候補者の氏名を紙片に書き、当該紙片を持たせて期日前投票所に向かわせた。

【解説】

1 選挙の自由妨害罪

選挙に関し、次の(1)～(3)の行為を行った者は、4年以下の懲役若しくは禁錮又は100万円以下の罰金に処せられる（公選法225条Ⅰ～Ⅲ）。

「選挙に関し」とは、選挙に関する事項を動機として、という意味であり、必ずしも候補者の当選を目的とし、または当選を妨げる目的でなされる必要はない。したがって、本罪は、開票終了後であっても成立しうると解されている（たとえば、落選した候補者の支

持者が対立候補者等に暴行を加えるような場合が考えられる)。

(1) 暴行等による選挙の自由妨害罪

「選挙人、公職の候補者、公職の候補者となろうとする者、選挙運動者又は当選人に対し暴行若しくは威力を加え又はこれをかどわかしたとき」(公選法225条Ⅰ)に成立する。相手方は、選挙人、公職の候補者、公職の候補者となろうとする者、選挙運動者又は当選人であり、これらの地位にあった者も含まれる。「威力」とは、暴行以外の、人の意思を制圧するに足りる勢力を意味し、脅迫はもとより、社会的・経済的地位や権勢を利用して圧迫を加える場合も含まれる。「かどわかし」とは、相手方を欺罔又は誘惑して現在地から他の場所へ連行することをいう。現実に選挙が妨害されたかどうかを問わず、暴行等が選挙に関してなさされれば成立する。

(2) 交通、集会の妨害その他不正な方法による選挙の自由妨害罪

「交通若しくは集会の便を妨げ、演説を妨害し、又は文書図画を毀棄し、その他偽計詐術等不正の方法をもって選挙の自由を妨害したとき」に成立する(公選法225条Ⅱ)。本罪の成立には結果発生の具体的危険性が生じることが必要である。

「交通、集会の便を妨げ」とは、交通や選挙に関する集会を不能又は困難にすることをいい、「演説を妨害し」とは、演説の続行を不能にすること、あるいは、演説は続行されていても、野次、怒号、拍手等を連続して聴衆がそれを聴取することを困難な状態にすることをいう。演説の遂行に支障を来たさない程度の野次をとばすことは妨害にはあたらない。

「文書図画を毀棄」とは、文書図画の効用を害するいっさいの行為をいい、たとえばポスター等の引き破り、取り外し、ポスターの上に他候補のポスターの貼付、投票所氏名掲示の抹消等がこれにあたる。しかし、選挙の自由妨害罪の保護の対象となる選挙運動は適法なものに限られることから、公選法上違法な文書、たとえば法145条1項本文に違反して公道緑地帯に掲示中のプラカード式ポスターの撤去は本罪にはあたらないとする判例がある(最判昭和51.

12.24））。したがって、法定の証紙の貼られていないポスターや証紙が貼られていても工作物の所有者等の承諾を得ないで貼られたポスターを毀棄した場合、本罪は成立しないこととなる。

「偽計詐術」による場合とは、欺罔等により他人に錯誤を生じさせ投票行為自体を妨害する場合をいい、誹謗文書の頒布等により単に選挙人の候補者に対する判断の自由を妨げるだけの行為はこれにあたらない（後者の場合、虚偽事項公表罪（235条②）及び刑法の名誉毀損罪の成立が考えられる）。

(3) **利害関係利用威迫罪**

「選挙人、公職の候補者、公職の候補者となろうとする者、選挙運動者若しくは当選人又はその関係のある社寺、学校、会社、組合、市町村等に対する用水、小作、債権、寄附その他特殊の利害関係を利用して選挙人、公職の候補者、公職の候補者となろうとする者、選挙運動者又は当選人を威迫したとき」に成立する（公選法225条Ⅲ）。

利害誘導罪（公選法221条①Ⅱ）が「利益」を利用して選挙人を誘導するのに対し、本罪は、「不利益」で相手方の意思を抑圧するもので、表裏の関係にあるといえる。

「威迫」とは、相手方に不安の念を抱かせるに足る行為であり、現に不安をいだいたことは必要ない。相手方の意思を制圧するに足りる程度のものでない点で本条1号の「威力」と異なる。

「特殊の利害関係」とは、相手方の意思を動かしうるような特殊な利害関係であり、行為者がそれに何らかの影響力を及ぼし得るものである。

本罪にあたるとされた判例には、・村の区長が住民に対し某候補者に投票した者は「村八分」にするといって威迫した事案（大判大正13.4.15）、・労働組合の長が組合員に対し、組合の決定した候補者を支持しないと除名もありうる旨申し向けた事案（東京高判昭和39.1.30）、・小学校の改築等の予算審議に関与する立場の町議会議員が校長の妻に対し、対立候補の支援活動の有無を確かめた上「給

食堂も造らねばならんし、校長先生まで誤解されるから、よく考えて行動してもらわねばならぬ」旨電話した事案（最決昭和42.2.4）、・寺の檀家の一員であり、檀家の多数を占める漁協の理事が対立候補を支援する住職に対し「組合員の中には、引き続き選挙運動をするようなことがあれば寺にはおれんようになるかもしれんという者がいる」旨の言辞を申し向けた事案（高松高判昭和46.1.20）などがある。

2 投票干渉罪

(1) 「投票所（期日前投票所を含む）又は開票所において正当な理由がなくて選挙人の投票に干渉し又は被選挙人の氏名（衆議院比例代表選出議員の選挙にあっては政党その他の政治団体の名称又は略称、参議院比例代表選出議員の選挙にあっては被選挙人の氏名又は政党その他の政治団体の名称若しくは略称）を認知する方法を行い」（公選法228条①、1年以下の禁錮又は30万円以下の罰金）又は「法令の規定によらないで投票箱を開き又は投票箱の投票を取り出す」（公選法228条②、3年以下の懲役若しくは禁錮又は50万円以下の罰金）ことによって成立する。

(2) 「投票に干渉」とは、代筆、指示、勧誘等により選挙人の投票に関する意思決定に影響を及ぼしうる行為をすることをいい、現実に意思決定を及ぼしたかどうかを問わない。投票所で候補者の名札の入った封筒を交付したり、投票所の外部から中の選挙人に対し、候補者の氏名を呼びふらすこと（公選法129条の選挙当日の選挙運動罪にもあたる）も本罪にあたる。「氏名を認知」とは、たとえば選挙人に記載済の投票用紙を折りたたまずに立会人である自己の前に持参させるといった、特定の選挙人の投票した被選挙人の氏名（衆議院比例代表選出議員の選挙にあっては政党その他の政治団体の名称又は略称、参議院比例代表選出議員の選挙にあっては被選挙人の氏名又は政党そ

の他の政治団体の名称若しくは略称）を認知する方法を講ずることであり、現実に認知したかどうかは問わない。

> 【CASEの検討】
> ①について
> 　Aについては、個人演説会場において弁士に大声で罵声を浴びせ、拍手、足踏みなどを行うことによりして一時、演説内容を聴き取れなくしていることから、単なる野次の域を超え、「演説を妨害」したものと認められる。
> 　Bについては、承諾を得て塀に貼られた法定の要件に合致するポスターの上に別のポスターを貼って選挙人が見られない状態を作出していることから、文書図画の効用を害しており、「文書図画を毀棄」したものと認められる。
> 　以上、A、Bともに選挙の自由妨害罪（公選法225条Ⅱ。4年以下の懲役若しくは禁錮又は100万円以下の罰金）にあたる。
> ②について
> 　Cは、問屋と小売という商取引上の「特殊の利害関係」を利用し、「今後、一切の取引を停止する」と申し向けていることから、相手方に不安の念を抱かせるに足る「威迫」を行ったものと認められ、利害関係利用威迫罪（公選法225条Ⅲ。4年以下の懲役若しくは禁錮又は100万円以下の罰金）にあたる。
> ③について
> 　Dは、文字がよく書けない入所者に対し、自らが支援する候補者の氏名を代書し特定候補者への投票を暗黙のうちに指示することによって「投票に干渉」したものと認められ、投票干渉罪（公選法228条①。1年以下の禁錮又は30万円以下の罰金）にあたる。なお、期日前投票所も本条の「投票所」に含まれる。

【参照条文】
公職選挙法第225条、第228条

> # CASE
> ## ㉛ 虚偽事項公表罪
>
> ①　候補者Aは自己の当選を図る目的で、帝都大学の聴講生として1年間だけ同大学に在籍した事実しかないにもかかわらず、「帝都大学法学部卒」と選挙運動用通常葉書や選挙管理委員会に提出する選挙公報原稿に記載して虚偽事項を公表した。
> ②　市長選挙の候補者の選挙運動員Bは、現職市長甲について仄聞したうわさを甲の当選を妨げる目的に利用しようと考え、実際甲にそのような事実はなく、B自身もおそらくうわさは真実ではないと考えていたにもかかわらず、「聞くところによると甲は経営していた会社の女子従業員に対して連日セクハラを繰り返し、ついに従業員は退職に追い込まれたという。とんでもないハレンチ市長がいたものである」とのいわゆる怪文書を多数印刷して市内の各家庭や事業所に配布した。

【解説】

虚偽事項の公表罪

　虚偽事項の公表罪には、当選運動としての虚偽事項公表罪（公選法235条①）と当選妨害運動としての虚偽事項公表罪（公選法235条②）がある。いずれも、選挙人の公正な判断を妨げるような虚偽の事項の公表、流布を防止するために設けられた規定である。

(1)　当選目的の虚偽事項公表罪

　当選を得又は得させる目的をもって公職の候補者若しくは公職の候補者となろうとする者の身分、職業、経歴、政党その他の団体への所属、その者に係る候補者届出政党の候補者の届出、その者に係る参議院名簿届出政党等の届出又はその者に対する人若しくは政党

その他の団体の推薦若しくは支持に関し虚偽の事項を公にした者は、当選目的の虚偽事項公表罪として処罰される（公選法235条①、2年以下の禁錮又は30万円以下の罰金）。本罪の行為主体に制限はないが、当選を得又は得させるという目的が必要である。2項の当選妨害目的の虚偽事項公表罪と異なり、虚偽事項を公表した場合に処罰される事項は次の①〜③に限定されている。

①**身分、職業若しくは経歴**
　・中学生当時公費の留学生に選ばれ、スイスで半年間ボランティアの勉強をした旨虚偽の演説をした行為は、福祉政策の重視を訴える被告人の実績等を誤って強く印象付け、選挙人の公正な判断に影響を及ぼすおそれがあり、公職選挙法所定の「経歴」に関し虚偽の事項を公にしたものに該当する（最判平成6. 7. 18）。

②**その者の政党その他の団体への帰属（その者に係る候補者届出政党の候補者の届出、その者に係る参議院名簿届出政党等の届出も含まれる）**
　・政党公認候補でない者が「○○党公認」と記載すること（党員ではあるが党の公認を受けることができなかった者がポスター等に「○○党候補者」と記載することは虚偽事項にはあたらないと解されている。なお、立候補届出書の「党派」の欄は、当該政党の「所属党派証明書」を提出しない者は党員であっても「無所属」と記載しなければならないことに注意）

③**その者に対する人若しくは政党その他の団体の推薦、支持**
　・承諾を得ないで、特定の人の名を推薦人としてポスター等に記載すること

「公にした」とは、不特定又は多数の者が知りうる状態におくことをいい、演説、ポスター、通常葉書、新聞広告等、方法は不問である。

「虚偽」とは真実に符合していないことをいい、本罪が成立するためには、公表した事項が「虚偽」であることを行為者自身が認識

していなければならない。この点、刑法の名誉毀損罪のように真実であることの証明がないかぎり処罰を免れないというものではない（最決昭和38.12.18）。

(2) 当選妨害目的の虚偽事項公表罪

当選を得させない目的をもって公職の候補者又は公職の候補者となろうとする者に関し虚偽の事項を公にし、又は公にした者は、当選妨害目的の虚偽事項公表罪として処罰される（公選法235条②。4年以下の懲役若しくは禁錮又は100万円以下の罰金）。

また、政見放送又は選挙公報においてこの罪を犯した者は刑が加重される。

1項の場合と異なり、公表事項には限定がなく、性格や品行あるいは家族関係に関するものであっても、候補者の選挙に関する信用を失墜しあるいはこれに影響するような事項であれば足りる。

「事実をゆがめ」とは、客観的に見て、虚偽の事実にまでは至らないけれども、ある事実について、その一部を隠したり、逆に虚偽の事実を付加したり、あるいは、粉飾、誇張、潤色したりなどして、選挙民の公正な判断を誤らせる程度に、全体として、真実といえない事実を表現することをいう（東京高判昭和51.8.6）。

なお、「○○のうわさがある」という誹謗がなされた場合、「○○」にあたる事実が虚偽であることを認識してそれを公表すれば、やはり本罪にあたると解されている。

【 CASE の検討 】

①について

Aは自己の当選を図る目的で、帝都大学法学部を卒業した事実はないにもかかわらず、「帝都大学法学部卒」と学歴についての虚偽事項を公表していることから、当選目的の虚偽事項公表罪（公選法235条①。2年以下の禁錮又は30万円以下の罰金）にあたる。

②について

Bは、甲の当選を妨げる目的で、B自身「セクハラ」に関するうわさの内容が真実ではないことを認識しながら、対立候補の当選を得させない目的でそれを文書化して頒布している。したがって、たとえ「セクハラのうわさ」自体が存在していたのは事実であったとしても、当選妨害目的の虚偽事項公表罪（公選法235条②、4年以下の懲役若しくは禁錮又は100万円以下の罰金）にあたる（刑法の名誉毀損罪にもあたる）。

【参照条文】
公職選挙法第235条

CASE

㉜ 詐偽登録罪、詐偽投票罪

① 甲市に住むＡら数十人は、隣接する乙町長選挙の立候補予定者Ｘを当選させる目的で乙町選挙人名簿への登録を企て、同町に住民票だけを移転させて架空転入を行い、同町選管に選挙人名簿への登録を行わせ、投票日当日Ｘの氏名を書いて投票した。

② Ｂは、自分が住むアパートの集合ポストに入っていた隣人の投票所入場券を窃取して替え玉投票を企て、期日前投票所に出向き本人になりすまして入場券を市選管の受付に提出したが、挙動不審な様子を選管職員に看破され、警察に通報されたために投票は果たせなかった。

【解説】

1 詐偽登録罪

　詐偽の方法をもつて選挙人名簿又は在外選挙人名簿に登録をさせた者は、詐偽登録罪として処罰される（公選法236条①。6月以下の禁錮又は30万円以下の罰金）。

　この罪は、市町村の選挙管理委員会が選挙人名簿又は在外選挙人名簿の登録を行うに際し、それに登録される資格がない者が詐欺の方法によってこれに登録することによって成立する。「詐偽の方法」とは、相手方を錯誤に陥らせるようなものである限り、態様のいかんを問わない。かつては選挙人名簿への登録は申請主義が採用されており、当該市町村の区域内に住所を有する年齢満20年以上の者が市町村の選挙管理委員会に登録の申し出をすることにより行われていた。したがって、当時は、市町村選挙管理委員会に虚偽の申し

出を行い選挙人名簿に登録させることについて本条1項の詐偽登録罪が適用されていた。

　しかし、昭和44年の法改正により申請主義が廃止され、選挙人名簿の登録は、職権登録主義に改められたことに伴い、構成要件の明確化を図るために新設されたのが本条2項の規定である（なお、職権登録の対象となるのは、当該市町村の区域内に住所を有する年齢満20年以上の日本国民で、その者に係る市町村の住民票が作成された日又は他市町村から住所を移した者で住民基本台帳法第22条の規定により届出をしたものについては、当該届出をした日から引き続き3箇月以上当該市町村の住民基本台帳に記録されている者である。同項では、選挙人名簿に登録させる目的をもって住民基本台帳法第22条の規定による届出に関し虚偽の届出をすることによって選挙人名簿に登録をさせた者も、本条1項と同様に処罰されることとなっており、詐偽登録は同項で処罰されるのが原則となっている。したがって、虚偽の転入届が越境入学等他の目的でなされ、その結果選挙人名簿に登録されたとしても、本罪は成立しない（この場合刑法の公正証書原本不実記載等罪が成立する）。このようなことから、国内の選挙人名簿登録について本条1項の規定が適用されるのは、市町村選挙管理委員会の行う登録資格に関する調査（公選令10条の2）や選挙人名簿縦覧中の異議の申出（公選法24条）において虚偽の申告を行う場合などごく例外的な場合のみである。一方、平成10年の法改正により創設された在外選挙人名簿の登録に関しては申請主義（公選法30条の5）がとられているため、本条1項の規定が適用されることとなる。

2 無資格投票罪、詐偽投票罪、投票偽造・増減罪

(1) **無資格投票罪**

　「選挙人でない者が投票をしたとき」は、無資格投票罪として処罰される（公選法237条①。1年以下の禁錮又は30万円以下の罰

金）。

　本罪は選挙人でない者が投票することによって成立する。「選挙人でない者」とは、ア　選挙人名簿に登録されていない者（公選法42条①）、イ　選挙人名簿に登録された者であっても登録されることのできない者（公選法42条②）又はウ　選挙の当日までに選挙権を失った者（公選法43条）をいう。アの選挙人名簿に登録されていない者が投票を行うには、何らかの詐欺の方法を要するため、詐偽投票罪（公選法237条②）に該当することから本罪が成立することはあり得ない。したがって本罪が成立するのは、イ又はウの場合に、自己の登録が誤りであることや自己が登録後選挙権を喪失したことを知りながら投票した場合に限られる。たとえば、家族を残して市町村外に転出した者が、たまたま転出届を提出していないため選挙人名簿に登録されたままとなっている場合に、市町村選挙の当日、家族の投票区の投票所で投票するような場合が考えられる。

(2)　詐偽投票罪

　「氏名を詐称しその他詐偽の方法をもつて投票し又は投票しようとした者」は、詐偽投票罪として処罰される（公選法237条②。2年以下の禁錮又は30万円以下の罰金）。「氏名の詐称」は、方法の1つにすぎず、詐欺の方法を用いて投票する場合、すべて本罪に該当する。他人の氏名を偽って投票所に入場して投票するいわゆる替え玉投票、不法に投票用紙を入手して投票するいわゆる二重投票、あるいは、架空転入し虚偽の資格で投票する場合などが典型例である。

　「投票しようとした者」については、他人の投票所入場券を投票所の係員に呈示した段階で着手があったと解されている。

(3)　投票偽造・増減罪

　「投票を偽造し又はその数を増減した者」は、投票偽造罪又は投票増減罪として処罰される（公選法237条③。3年以下の懲役若しくは禁錮又は50万円以下の罰金）。

　「投票を偽造」の主体に制限はないが、通常このような犯罪が可

能なのは選挙事務関係者であることから、これらの者については刑が加重（公選法237条④。5年以下の懲役若しくは禁錮又は50万円以下の罰金）されている。たとえば、選挙事務に従事する職員や不在者投票管理者が、不正に入手した正規の投票用紙に特定の候補者の氏名を記入して投票箱に投入する行為、あるいは投票用紙に記載された氏名を変更改ざん、抹消する行為がある。誤って投票用紙2票の交付を受けた選挙人が、2枚に同一候補者の氏名を記載して投票することも、これにあたる。なお、この罪は、投票終了の前後を問わず成立する。

「投票の数を増減」とは、投票の偽造以外の方法により不法に投票の数を増加又は減少させることをいい、実質上投票の数を増減する場合と計算上増減する場合がある。開票に際して偽造した投票を混入させ、あるいは特定の候補者に対する投票を抜き取る行為は前者の例であり、開票管理者が明らかに有効な得票を故意に無効と決定して特定候補者の得票数を減少（最判昭和43.5.2）させる行為、開票管理者が投票数の計算にあたり不正にその数を増減する（大判昭和13.9.21）場合等は後者の例である。

なお、同一人がA候補に対する投票を偽造して投票箱に入れるとともに、B候補に対する投票をその分だけ抜き取る行為は、投票偽造罪と投票増減罪の両方に当たり、包括一罪として処断される。

【 CASEの検討 】

① 　Aらの架空転入は、乙町の「選挙人名簿に登録をさせる目的をもって住民基本台帳法第22条の規定による届出に関し虚偽の届出をすることによって選挙人名簿に登録をさせた者」に該当することから、詐偽登録罪（公選法236条②。6月以下の禁錮又は30万円以下の罰金）にあたり、さらに投票日当日Xの氏名を書いて投票していることから、詐欺投票罪（公選法237条②。2年以下の禁錮又は30万円以下の罰金）にもあた

り、両者は牽連犯と解される。
② 　Bは、隣人の投票所入場券を窃取して替え玉投票を企て、期日前投票所に出向き窃取した入場券を市選管の受付に提出した時点で「氏名を詐称し投票しようとした者」として、詐偽投票罪にあたる（公選法237条②。2年以下の禁錮又は30万円以下の罰金）。

【参照条文】
公職選挙法第236条、第237条

> **CASE**
>
> ㉝ 当選無効、連座制
> （その１）（総括主宰者・出納責任者・地域主宰者、親族・秘書）
>
> 以下の場合、連座制の適用はどうなるか
> ① 　Aは、当選した候補者甲の選挙参謀として、選挙事務を名実ともに総括指揮していたが、個人演説会への出席者に対して無料バスをチャーターして会場に送迎したことが買収罪（法221条）にあたるとして検挙され、罰金刑に処せられた。
> ② 　政党県本部の職員Bは、当選した乙の選挙事務を補佐するため後援会に張り付き、名刺には秘書の肩書を記載して乙の指示の下に諸活動を行っていた。Bは、告示日前に後援会新規入会者獲得を名目としたローラー作戦と称する戸別訪問を計画し、担当者数名に諸費用として現金を交付したことが買収罪（法221条）にあたるとして検挙され、執行猶予付の禁錮刑に処せられた。

【解説】

1 当選人の選挙犯罪による当選無効

　当選人がその選挙に関し公職選挙法違反の罪（第235条の６（あいさつを目的とする有料広告の制限違反）、第236条の２（選挙人名簿の抄本等の閲覧に係る命令違反及び報告義務違反）、第245条（選挙期日後のあいさつ行為の制限違反）、第246条（選挙運動に関する収入及び支出の制限違反）第２号から第９号まで、第248条（寄附の制限違反）、第249条の２（公職の候補者等の寄附の制限違反）第３項から第５項まで及び第７項、第249条の３（公職の候補

者等の関係会社等の寄附の制限違反)、第249条の4（公職の候補者等の氏名等を冠した団体の寄附の制限違反)、第249条の5（後援団体に関する寄附等の制限違反)第1項及び第3項、第252条の2（推薦団体の選挙運動の規制違反)、第252条の3（政党その他の政治活動を行う団体の政治活動の規制違反）並びに第253条（選挙人等の偽証罪）の罪を除く）を犯し刑に処せられたとき（執行猶予も含む）は、その当選人の当選は、何らの手続きを要せず無効となる。

2 連座制による当選無効（総括主宰者、出納責任者、地域主宰者）

①総括主宰者、②出納責任者（事実上の出納責任者を含む)、③地域主宰者が、下記ア～オの選挙犯罪を犯し、罰金以上の刑（執行猶予も含む）が確定したときは、当選は無効となり、連座裁判確定の時から5年間、当該選挙と同じ選挙で、同じ選挙区から立候補できない。また、衆議院議員選挙の重複立候補者で小選挙区選挙で落選し、比例代表選挙で当選した者については、小選挙区選挙において連座制が適用されるときには、比例代表選挙における当選も無効となる（公選法251条の2）。

「総括主宰者」とは、選挙運動の行われる全地域にわたり選挙運動の中心となり、継続的に選挙運動に関する諸般の事務を総括して指揮する者である。就任に際して候補者からの指名、選任等は不要であり、事務を共同総括すれば必ずしも1人には限られないこととなる。通常、選挙参謀、選挙事務長等と呼称される者がこれにあたるが、連座制の対象となる総括責任者にあたるか否かは、名目ではなく、客観的に見て選挙運動を総括主宰したかどうかにより実質判断されることとなる。

「地域主宰者」とは、3以内に分けられた選挙区（選挙区がないときは選挙が行われる区域）の地域のうち1または2の地域における選挙運動を主宰すべき者として、候補者または総括主宰者から定

められ、当該地域における選挙運動を主宰した者をいう。
　　ア　買収及び利害誘導罪（第221条）
　　イ　多数人買収及び多数人利害誘導罪（第222条）
　　ウ　公職の候補者及び当選人に対する買収及び利害誘導罪（第223条）
　　エ　新聞紙、雑誌の不法利用罪（第223条の2）
　　オ　選挙費用の法定額違反（第247条）　出納責任者のみ

【候補者であった者が提起する連座訴訟】
　総括主宰者、出納責任者（候補者又は出納責任者と意思を通じて当該候補者のための選挙運動に関する支出の金額のうち選挙管理委員会によって告示された額の2分の1以上に相当する額を支出した者を含む）、地域主宰者が、買収罪等の選挙犯罪を犯し罰金以上の刑（執行猶予も含む）が確定した場合、裁判所から候補者又は候補となろうとする者（以下「候補者等」という）であった者に通知がなされる。候補者等であった者は、検察官を被告として、通知を受けた日から30日以内（＝出訴期間）に、高等裁判所に、これらの者が候補者の総括主宰者等に該当しないこと又は「おとり」、「寝返り」による免責事由に該当すること（ただし、この免責は立候補制限及び衆議院議員選挙の重複立候補者についてその比例代表選挙における当選も無効とする効果についてだけ認められる）を理由に、当選が無効とならないこと又は立候補制限が科せられないことの確認を求める訴訟を提起（公選法210条①）し、勝訴しないかぎり、当選は無効となり、当該選挙と同じ選挙で、同じ選挙区から5年間立候補できないこととなる（公選法251条の①Ⅰ～Ⅲ③）。当選無効及び立候補の禁止の効果の生ずる時期は、訴訟についての原告（＝候補者等であった者）敗訴の判決が確定した時、当該訴訟を提起しないで出訴期間が経過した時、又は当該訴訟を提起したがその訴えを取り下げた時に生ずる（公選法251条の5）。

3 連座制による当選無効（親族・秘書）

　候補者等の父母、配偶者、子、兄弟姉妹（配偶者の父母兄弟等、姻族は含まれない）又は秘書で、候補者等又は総括主宰者若しくは地域主宰者と意思を通じて選挙運動をした者が、下記ア～エの選挙犯罪を犯し、禁錮以上の刑（執行猶予も含む）が確定したときは、当選は無効となり、連座裁判確定の時から5年間、当該選挙と同じ選挙で、同じ選挙区から立候補できない。また、衆議院議員選挙の重複立候補者で小選挙区選挙で落選し、比例代表選挙で当選した者については、小選挙区選挙において連座制が適用されるときには、比例代表選挙における当選も無効となる（公選法251条の2①Ⅳ、Ⅴ）。これは、平成6年の法改正により従来の連座制が強化され、新たに候補者等の秘書が追加されたものである。「秘書」とは、候補者等に使用される者で、当該候補者等の政治活動を補佐する者をいい、公職の候補者等の秘書という名称を使用する者又はこれに類似する名称を使用する者について、当該公職の候補者等がこれらの名称の使用を承諾し又は容認している場合には、当該名称を使用する者は、前項の規定の適用については、公職の候補者等の秘書と推定する（公選法第251条の2②）。

　候補者等に「使用される者」とは、必ずしも候補者等の間に雇用関係が存在する必要はなく、たとえば政党職員の身分を有するものであっても実質的に候補者等の意思を受けて行動していればこれにあたる。また、「補佐」とは、候補者等の政治活動を助けるためにその指揮命令下に種々の事務を行うもののうち、相応の権限（裁量）と責任をもって担当の事務を処理することを指し、お茶くみやコピー取り、自動車運転等の単純、機械的労務にのみ従事している者については、たとえ秘書の呼称を許されていたとしてもここでいう「秘書」にはあたらない（大阪高判平成10.5.25）。

　　ア　買収及び利害誘導罪（第221条）
　　イ　多数人買収及び多数人利害誘導罪（第222条）

ウ　公職の候補者及び当選人に対する買収及び利害誘導罪（第223条）
　エ　新聞紙、雑誌の不法利用罪（第223条の2）

【検察官の側から提起する連座訴訟】
　候補者等の親族又は秘書が買収罪等の選挙犯罪を犯し禁錮以上の刑（執行猶予も含む）が確定した場合、その当選が連座制により無効であり又は立候補制限が科せられると認める検察官は、候補者等であった者を被告として、刑事裁判が確定した日から30日以内に、高等裁判所に訴訟を提起する（公選法211条）。この訴訟で原告（＝検察官）勝訴の判決が確定した時から、当選は無効となり、当該選挙と同じ選挙で、同じ選挙区から5年間立候補できないこととなる（公選法251条の2①、公選法251条の5）。
　このような訴訟類型が定められている理由は、親族及び秘書については、前出の総括主宰者等の連座制対象者と異なり、買収罪等の罪を犯した場合に身分犯として加重処罰する規定がないため、刑事裁判において連座制対象者該当の有無について事実上の認定が行われる仕組みになっていないため、刑事裁判とは別個の裁判手続を経てその認定を行う必要があるためである。なお、統括主宰者、出納責任者、地域主宰者が買収罪等の選挙犯罪を犯したが、刑事裁判ではこれらの身分にあることが認定されないまま刑が確定し、その後に統括主宰者等であることが判明した場合もこの連座訴訟が提起される。

4 免責事由

　免責は、連座制の効果のうち、①立候補制限及び②衆議院議員選挙の重複立候補者についてその比例代表選挙における当選を無効とする効果についてのみ認められる。
　総括主宰者、出納責任者、親族又は秘書による買収罪等の犯罪が、「おとり」、「寝返り」によって犯されたものであるときは、こ

れら①及び②の効果は発生しない（公選法251条の2④）。

したがって、当選無効については、衆議院議員選挙での重複立候補者に係る比例代表選挙における当選無効の場合を除き、「おとり」、「寝返り」の場合でも、候補者等が免責されることはない。

　ア　「おとり」とは、連座制の適用により候補者等の当選を無効にさせ又は立候補の資格を失わせる目的で、他の候補者の陣営と意思を通じて連座制対象者（総括主宰者、出納責任者、地域主宰者、親族、秘書）を誘導、挑発してその者をして買収罪等の犯罪を行わせることを指す。

　イ　「寝返り」とは、連座制の適用により候補者等の当選を無効にさせ又は立候補の資格を失わせる目的で、他の候補者の陣営と意思を通じて連座制対象者（総括主宰者、出納責任者、地域主宰者、親族、秘書）自らが買収罪等の犯罪を行うことを指す。

これらに該当することについての立証責任は、候補者等が負う。

なお、アにあたる罪を犯したときは、おとり罪として、1年以上5年以下の懲役又は禁錮に処せられ、イにあたる罪をおかしたときは、刑が加重され、1年以上6年以下の懲役又は禁錮に処せられる（公選法224条の2①、②）。

【CASEの検討】

①について

　選挙参謀Aは総括主宰者と認められることから、買収罪（公選法221条）で罰金刑に処せられたことにより、候補者であった甲は連座制の対象となる。この場合、甲は、検察官を被告として、裁判所から刑の確定通知を受けた日から30日以内に、高等裁判所に、Aが候補者の総括主宰者等に該当しないことを理由に、当選が無効とならないこと、立候補制限が科せられないことの確認を求める訴訟を提起（公選法210条）し、勝訴しないかぎり、甲の当選は無効となり、当該選挙と同じ選挙で、同じ選挙

区から5年間立候補できないこととなる。

②について

　「秘書」とは、候補者等に使用される者で、当該候補者等の政治活動を補佐する者をいい、秘書という名称を使用する者又はこれに類似する名称を使用する者について、当該公職の候補者等がこれらの名称の使用を承諾、容認している場合には、公職の候補者等の秘書と推定される。前述のように候補者等の間に狭義の雇用関係が存在する必要はなく、実質的に候補者等の意思を受けて、その指揮命令下に種々の事務を行うもののうち、相応の裁量と責任をもって担当の事務を処理しておれば、連座制の対象となる「秘書」にあたることとなる。このようなことから、ケースにおけるBは、政党職員であったとしても勤務の実態等から考えて秘書にあたると考えられることから、買収罪（公選法221条）で執行猶予付の禁錮刑に処せられたことにより、候補者であった乙は連座制の対象となる。この場合、①の場合とは異なり、検察官が、乙を被告として、刑事裁判が確定した日から30日以内に、高等裁判所に訴訟を提起する（公選法211条）。この訴訟で原告勝訴の判決が確定した時から、乙の当選は無効となり、当該選挙と同じ選挙で、同じ選挙区から5年間立候補できないこととなる。

【参照条文】

公職選挙法第210条、第211条、第251条の2、第251条の5、第224条の2

CASE

㉞ 連座制（その２）（組織的選挙運動管理者等）

以下の場合、連座制の適用はどうなるか
① 会社の代表取締役Ａは、候補者甲を当選させるための選挙運動を会社を挙げて行おうと企画し、従業員の朝礼及び下請業者との会食において甲にあいさつをさせ、投票及び投票のとりまとめを依頼するなどの選挙運動の計画を会社幹部らに表明し、これを了承した幹部Ｂ及びＣは、他３名の幹部や関係従業員に指示するなどして後援者名簿用紙の配布等個々の選挙運動を実行させた。甲を招いた朝礼の席上、Ａは、全従業員を前に会社として甲を支援する旨のあいさつをし、甲も自らへの支援を依頼するあいさつを行った。さらに、下請業者との会食の席を設けて酒食を提供し、甲及びＡ、Ｂ、Ｃらが出席して甲への投票及び投票とりまとめの依頼を行ったことが買収罪（供応接待）（法221条）にあたるとして検挙され、執行猶予付の懲役刑に処せられた。
② 候補者乙の地元にある後援会は、規約が存在せず、選挙が近づくと活動を始め、選挙が終わると活動をまったく止めてしまうという実態であったが、４月に執行される任期満了に伴う選挙が近づいた前年の終わり頃からＤ、Ｅ、Ｆ３名の後援会員によって活動を再開し、候補者からは自宅を選挙運動のための地元事務所として使用するよう指示されていた。Ｄ、Ｅ、Ｆ３名は、乙を上位当選させるための票固めが必要と考え、各地区の支援者代表らに現金、清酒と後援会名簿用紙を配り、投票及び投票とりまとめの依頼を行ったことが買収罪（法221条）にあたるとして検挙され、執行猶予付の懲役刑に処せられた。

【解説】

1 連座制による当選無効（組織的選挙運動管理者等）

(1) 組織的選挙運動管理者等が、次の選挙犯罪を犯し、禁錮以上の刑（執行猶予も含む）に処せられたときは、候補者又は候補者であった者（以下「候補者等」という）の当選は無効となり、連座裁判確定の時から5年間、当該選挙と同じ選挙で、同じ選挙区から立候補できない（公選法251条の3）。
　ア　買収及び利害誘導罪（第221条）
　イ　多数人買収及び多数人利害誘導罪（第222条）
　ウ　公職の候補者及び当選人に対する買収及び利害誘導罪（第223条）
　エ　新聞紙、雑誌の不法利用罪（第223条の2）

【検察官の側から提起する連座訴訟】
　組織的選挙運動管理者等が買収罪等の選挙犯罪を犯し禁錮以上の刑（執行猶予も含む）が確定した場合、その当選が連座制により無効であり又は立候補制限が科せられると認める検察官は、候補者等であった者を被告として、刑事裁判が確定した日から30日以内に、高等裁判所に訴訟を提起する（公選法211条①）。この訴訟で原告（＝検察官）勝訴の判決が確定した時から、当選は無効となり、当該選挙と同じ選挙で、同じ選挙区から5年間立候補できないこととなる。また、衆議院議員選挙の重複立候補者で小選挙区選挙で落選し、比例代表選挙で当選した者については、小選挙区選挙において連座制が適用されるときには、比例代表選挙における当選も無効となる（公選法251条の3①、公選法251条の5）。
　ただし、次の場合、当選は無効とならず、5年間の立候補制限も科せられない（総括主宰者等の違反行為による連座制（本書§33参照）の場合と異なり、当選無効についても免責が認められるとこ

ろが異なっている)。

①組織的選挙運動管理者等が、「おとり」や「寝返り」により選挙犯罪を犯したとき。

　ア　「おとり」とは、連座制の適用により候補者等の当選を無効にさせ又は立候補の資格を失わせる目的で、他の候補者の陣営と意思を通じて連座制対象者（総括主宰者、出納責任者、地域主宰者、親族、秘書）を誘導、挑発してその者をして買収罪等の犯罪を行わせることを指す。

　イ　「寝返り」とは、連座制の適用により候補者等の当選を無効にさせ又は立候補の資格を失わせる目的で、他の候補者の陣営と意思を通じて連座制対象者（総括主宰者、出納責任者、地域主宰者、親族、秘書）自らが買収罪等の犯罪を行うことを指す。

これらに該当することについての立証責任は、候補者等が負う。

②組織的選挙運動管理者等が選挙犯罪を犯さないよう候補者等が相当の注意を怠らなかったとき

　「相当の注意」とは、社会通念上それだけの注意があれば組織的選挙運動管理者等が、買収等の悪質な選挙犯罪を犯すことはないであろうと期待し得るものをいうと解されている（高松高判平成8.11.13）。候補者等が相当の注意を怠らなかったとの主張は、これまで提起された多くの連座訴訟において主張されているがこれが認められた事例はなく、裁判所はこの注意義務に関してはきわめて高度なものを要求しているといえる。選挙違反や買収をしないよう候補者が何度も訓示していた、違反防止についての文書を配布していた、清廉で信頼のおける人物を選挙運動の総括責任者にすえていたといった程度の事情では、「相当の注意」を怠らなかったとは判断されていない。ある判例では、「社会通念上それだけの注意があれば組織的選挙運動管理者等が、買収行為等の悪質な選挙犯罪を犯すことはないだろうと期待しうる程度のものをいうと解され、候補者等が

この注意義務を怠らなかったと評価されるために必要な措置の内容は、具体的事情の下での結果発生の予見可能性及び結果回避の可能性の程度によって決せられる」（高松高判平成8．5．31）としており、通常は予見できないような異常な事態によって発生した犯罪行為以外は防止できると思われる程度の万全の措置を講じておくことが要求されていると考えられる。

(2) 組織的選挙運動管理者等とは、「候補者等と意思を通じて組織により行われる選挙運動において、当該選挙運動の計画の立案若しくは調整又は当該選挙運動に従事する者の指揮若しくは監督その他当該選挙運動の管理を行う者」をいう。

① 「組織」とは、特定の候補者等を当選させる目的の下に、複数人が役割を分担し、相互の力を利用し合い、協力し合って活動する実態をもった人の集合体をいう。既存の組織かどうか、継続的な組織かどうかを問わず、規模の大小も問わない。選挙運動のために組織されたものである必要はなく、政治活動以外の目的をもつものであってもこれに含まれる。また、必ずしもピラミッド型の指揮命令系統を有する場合だけではなく、水平的に役割を分担する場合もありうる（福岡高判平成9．8．7）。既存の組織（たとえば会社）の中の一部の構成員（たとえば特定の部課）が選挙運動に関与している場合、関与している部分が組織としての実態を有しておればこれも「組織」に該当し得る。

　（例）政党、後援会、会社、労働組合、宗教団体、青年団、自治会、町内会、同窓会など

② 「意思を通じて」とは、候補者等と組織の総括者（組織による選挙運動全体の具体的、実質的意思決定を行いうる者をいう。たとえば、会社の場合であれば社長、労働組合の場合であれば委員長等がこれにあたる場合が多いと思われるが、会社組織の中で特定の部長が選挙運動の全権を握っておれば当該部長ということになる）との間で、選挙運動が組織により

行われることについて、相互に明示あるいは黙示に認識し、了解しあうことをいう。候補者等は組織の具体的な名称や範囲、構成員、指揮命令系統等について認識している必要はない。また、候補者等との意思連絡は当該総括者との間で行われていればよい。

③「計画の立案若しくは調整を行う者」とは、選挙運動組織の一員として、選挙運動全体の計画の立案又は調整を行う者を始め、ビラ配り、ポスター貼り、個人演説会、街頭演説等の計画の立案、調整を行う、司令塔の役割を担う者をいう。

④「選挙運動に従事する者の指揮若しくは監督を行う者」とは、選挙運動組織の一員として、ビラ配り、ポスター貼り、個人演説会、街頭演説等の動員、電話作戦等にあたる者の指揮監督を行う、前線のリーダーの役割を担う者をいう。

⑤「その他当該選挙運動の管理を行う者」とは、選挙運動組織の一員として、選挙運動従事者への弁当の手配、車の手配、個人演説会場の確保を取りしきる等選挙運動の中で後方支援活動の管理を行う者をいう。

これら③〜⑤の者が組織的選挙運動管理者等である。
(以上、最判平成9．3．13、仙台高判平成8．7．8参照)

【 CASE の検討 】

①について

　これは、平成8年7月8日仙台高等裁判所判決の事例を基にしたものである。

　判決においては、会社の代表取締役Aを頂点として同社の幹部ら計6名が、会社の指揮命令系統を利用して、甲を当選させる目的の下に、それぞれが朝礼、会食の設営、後援者名簿の配布等に関して役割を分担し、相互の力を利用、協力し合って同社の従業員や下請業者に対して組織により選挙運動を行ったものであると

認定した。そして、A、B、Cの会社幹部は組織的選挙運動管理者にあたること、さらに、甲は選挙運動が組織により行われることについてAと相互に了解しあっていたことも認定された。したがって、組織的選挙運動管理者A、B、Cが買収罪（法221条）で執行猶予付懲役刑に処せられたことにより、甲は連座制の対象となる。検察官は、候補者等であった者を被告として、刑事裁判が確定した日から30日以内に、高等裁判所に訴訟を提起し、当該訴訟で原告勝訴の判決が確定した時から、当選無効及び当該選挙と同じ選挙で、同じ選挙区から5年間の立候補禁止となる。

②について

　これは、平成8年11月13日高松高等裁判所判決の事例を基にしたものである。判決においては、活動休止中であった当該後援会は選挙が近づいた前年末頃から活動を再開し始めたものであるが、同後援会が3名を中核とし、地区内の支援者により互いに役割を分担し、協力し合って活動する実態をもった人の集合体であることを理由に組織性を認定し、3名の者が組織的選挙運動管理者にあたるとされた。さらに、候補者が出身地の自宅を事務所として使用することを承諾していたことで3名の者と意思を通じたものであるとした。

　したがって、組織的選挙運動管理者D、E、Fが買収罪（法221条）で執行猶予付懲役刑に処せられたことにより、乙は連座制の対象となる。検察官は、候補者等であった者を被告として、刑事裁判が確定した日から30日以内に、高等裁判所に訴訟を提起し、当該訴訟で原告勝訴の判決が確定した時から、当選無効及び当該選挙と同じ選挙で、同じ選挙区から5年間の立候補禁止となる。

【参照条文】
公職選挙法第211条、第251条の3、第251条の5

CASE
㉟ 選挙権・被選挙権の停止

以下の判決が確定した場合の公民権停止期間はどうなるか
① 買収罪により懲役1年執行猶予5年の判決を受けた者
② 買収罪により懲役2年の実刑判決を受けた者
③ 買収罪によりかつて罰金刑を受けたことがあり、再び別の選挙で買収罪を犯し、懲役3年の実刑判決を受けた者

【解説】
　選挙犯罪を犯した者は、それぞれ当該法条による刑罰を科せられるが、処刑者は、さらに一定期間、選挙権及び被選挙権を停止される（公選法252条）。この停止期間にあっては、投票（公選法11条、43条）、立候補（公選法86条の8）、選挙運動（公選法137条の3）のいずれもできない。

1 罰金刑に処せられた者

①実刑の者
　裁判確定の日から5年間
②執行猶予の者
　裁判確定の日から刑の執行を受けることがなくなるまでの間
　（執行猶予期間中に恩赦等があったような例外的な場合を除き執行猶予期間と一致する）

2 禁錮以上の刑に処せられた者

①実刑の者
　裁判が確定した日から刑の執行を終わるまでの間及びその後5年間（買収罪の累犯者の場合、10年）

②執行猶予の者

裁判が確定した日から刑の執行を受けることがなくなるまでの間（執行猶予期間中に恩赦等があったような例外的な場合を除き執行猶予期間と一致する）

3 その他

裁判所は、情状により、公民権の停止をせず、停止期間の短縮を宣言することができる。ただし、広義の買収罪（公選法221条、222条、223条、223条の2）により刑に処せられた者と広義の買収罪以外の公職選挙法違反の罪で禁固刑以上の刑に処せられた者については公民権の停止をしないことはできず、停止期間の短縮ができるのみ。また、広義の買収罪の累犯者については、10年間の停止期間を短縮することだけが認められる。

【CASEの検討】

①について

懲役1年執行猶予5年の判決を受けた者については、裁判が確定した日から刑の執行を受けることがなくなるまでの間（原則として執行猶予期間と一致）、すなわち5年間が公民権停止期間。

②について

懲役2年の実刑判決を受けた者については、裁判が確定した日から刑の執行を終わるまでの間及びその後5年間、すなわち刑期2年間とその後の5年間で計7年間が公民権停止期間。

③について

買収罪でかつて罰金刑を受けたことがある者が再び別の選挙で買収罪を犯し、懲役3年の実刑判決を受けた場合、裁判が確定した日から刑の執行を終わるまでの間及びその後10年間、つまり刑期3年間とその後の10年間で計13年間が公民権停止期間。

【参照条文】

公職選挙法第252条

主要参考文献

- 選挙制度研究会編「統一地方選挙の手引　平成19年」
　　（ぎょうせい、2007年）
- 自治省選挙部編「選挙関係実例判例集」第15次改訂版
　　（ぎょうせい、1998年）
- 選挙制度研究会編「実務と研修のためのわかりやすい公職選挙法」第13次改訂版
　　（ぎょうせい、2003年）
- 自治省選挙部管理課長、選挙課長共著「逐条解説公職選挙法」
　　（政経書院、1996年）
- 野々上尚編著「公選法上の連座訴訟の解説―裁判例の概観―」
　　（近代警察社、2004年）
- 法曹会編「例題解説公職選挙法〔新版〕」
　　（法曹会、1985年）
- 衆議院法制局内選挙法制研究会編「選挙腐敗防止法の解説」
　　（第一法規、1995年）
- 土本武司「最新 公職選挙法罰則精解」
　　（日本加除出版、1995年）
- 伊藤榮樹
　小野慶二「注釈特別刑法　第三巻　選挙法外事法編Ⅰ」
　荘子邦雄
　　（立花書房、1993年）
- 法務省刑事局監修「選挙犯罪に関する主要裁判例」
　　（立花書房、1980年）
- 宇津呂英雄「注釈選挙犯罪」
　　（立花書房、1976年）
- 浦辺衛「総合判例研究叢書　刑法（23）」
　林　修
　　（有斐閣、1971年）

参考資料 ［選挙公営の種類］

［わかりやすい公職選挙法（選挙制度研究会編）を参考に作成］

区分 \ 選挙の種類 \ 関係法令		衆議院（比例代表選出）議員	衆議院（小選挙区選出）議員届出政党	衆議院（小選挙区選出）議員候補者	参議院（比例代表選出）議員名簿届出政党等	参議院（比例代表選出）議員名簿登載者	参議院（選挙区選出）議員	都道府県知事	都道府県議会議員	市町村長	市町村議会議員
1 選挙管理委員会がその全部を行うもの											
投票記載所の氏名等の掲示	法175（263、264）	○		○		○	○	○	○	○	○
2 内容は候補者等が提供するが、その実施は選挙管理委員会が行うもの											
ポスター掲示場の設置	法144の2 144の4（263、264）			○		○	○	○	□	○	□
選挙公報の発行	法167 172の2（262、264）	○		○	○		○	○	□	○	□
3 選挙管理委員会は便宜を提供するが、その実施は候補者が行うもの											
演説会（個人・政党・政党等）の公営施設使用	法161 164（263、264）	△	△	△		△	△	△	△	△	△
4 選挙管理委員会は実施には直接関与しないが、その経費の負担のみを行うもの											
選挙運動用自動車の使用	法141（263、264）	△		◎		◎	◎	◎	□	◎（市長のみ）	□（市議のみ）
通常葉書の交付	法142（263、264）		△	◎		◎	◎	◎	△	◎	△
通常葉書の作成	法142（263）		△	○		◎	○	△	△	△	△
ビラの作成	法143（263）	△	△	◎		◎	◎	◎	△	◎（市長のみ）	△
選挙事務所の立札・看板の作成	法143（263）	△	◎	◎		◎	◎	◎	△	◎	△
選挙運動用自動車等の立札・看板の作成	法143（263）	△		◎		◎	◎	◎	△	◎	△
ポスターの作成	法143（263、264）	△		◎		◎	◎	◎	□	◎（市長のみ）	□（市議のみ）
新聞広告	法149（263、264）	●	○	○	●		○	○	△	○	△
政見放送	法150（263、264）	○	○		○		○	○			
経歴放送	法151（263、264）			○			○	○			
演説会場（個人・政党・政党等）の立札・看板の作成	法143 164の2（263）	△	△	◎	△		◎	◎	△	◎	△
特殊乗車券等の無料交付	法176（263、264）			○		○	○	○			

備考　◎印は供託物が国庫に帰属することとならない場合（参議院比例代表選挙にあっては当選人となるべき順位が当該候補者に係る名簿届出政党等の当選人の数の二倍までにある場合）に限り公営で行われるもの、●印は得票数が一定数（衆議院比例代表選挙にあっては選挙区における有効投票の総数の百分の二、参議院比例代表選挙にあっては有効投票の総数の百分の一）以上である場合に限り公営で行われるもの、○印は公営で行われるもの、△印は公営で行われないもの、□印は都道府県又は市町村の条例により公営で行うことができるもの、空欄は制度のないものを示す。

著者略歴

三好 規正(みよし のりまさ)

　1962年　愛媛県生
　（現職）山梨学院大学法科大学院　教授
　　　　　専攻は行政法学

　1985年　早稲田大学法学部卒
　同年、愛媛県庁入庁。松山地方局総務調整課（愛媛県選挙管理委員会書記）、土木部河川課、研修所、総務部市町村課選挙係長（愛媛県選挙管理委員会書記）、愛媛県教育委員会法令指導係長を歴任。
　20年間の県庁勤務期間中、選挙管理委員会書記歴通算10年。国政選挙、地方選挙合わせて計15回の選挙の管理執行に携わる

　2002年　神戸大学大学院法学研究科博士後期課程単位修得
　2005年　山梨学院大学法学部政治行政学科助教授に就任
　2006年　神戸大学法学博士号取得
　2008年　山梨学院大学法学部政治行政学科教授
　2010年　現職に就任

事例解説　すぐわかる選挙運動
―ケースで見る違反と罰則―

発行日	2007年 5月15日　第1刷発行
	2012年12月 3日　第6刷発行

監　修	山梨学院大学ローカル・ガバナンス研究センター
著　者	三好　規正
発行人	片岡　幸三
印刷所	株式会社　シナノ
発行所	イマジン出版Ⓒ

〒112-0013　東京都文京区音羽1-5-8
TEL 03-3942-2520　Fax 03-3942-2623
HP http//www.imagine-j.co.jp

ISBN978-4-87299-447-6 C2031 ¥2200E

落丁・乱丁の場合は小社にてお取替えいたします。

イマジン出版

http://www.imagine-j.co.jp/

ご注文は直接、TELまたはFAXでイマジン自治情報センターへ

地方議会
―その現実と「改革」の方向

自治体議会政策学会会長／
拓殖大学地方政治センター長

竹下　譲　著

■議会とはなにか！議員とはなにか！現実は変えられるか！今進めている議会改革は間違っていないか？すべての答えがこの1冊に。
■議員の活動を支え、市民の理解を促す類書に無い平易な解説。
■住民自治と議会制民主主義の確立へ向けて必読の書。

□A5判／296頁／定価2,625円（税込）

ケチケチ市長と呼ばれて
―市民と進めた財政健全化―

井上　哲夫（前四日市市長）著

■行政改革・情報公開・談合との闘い、四日市市財政健全化までの軌跡。
■全国自治体や国の財政健全化の先がけとして注目された「透明で健全な行政」づくりで、市民と変えた市役所。
■3期12年の苦闘と喜びの総括。だれもが不安なこの時代に勇気をもらえる一冊。

A5判／180頁
定価1,575円（税込）

COPA BOOKS　自治体議会政策学会叢書

農村イノベーション
―発展に向けた撤退の農村計画というアプローチ―

一ノ瀬 友博（慶應義塾大学准教授）著

■日本農業の再生と創造。守りの農村計画から攻めに転ずる道、流域居住圏の可能性などを解説。
■農業の将来図を描く、中山間地域の明日を拓く必読の1冊。

□A5判／96頁／定価1,050円（税込）

農業政策の変遷と自治体
―財政からみた農業再生への課題―

石原 健二（農学博士）著

■日本農業の終焉か再生か、問われる国と自治体の取組み。戦前からの農業政策をひも解き、現状の問題点を指摘する。
■豊富な統計資料で米政策・農業の公共事業・財政に関する政策を分かりやすく解説。

□A5判／86頁／定価1,050円（税込）

自治を拓く市民討議会
―広がる参画・事例と方法―

篠藤 明徳（別府大学教授）
吉田 純夫（市民討議会推進ネットワーク代表）　著
小針 憲一（市民討議会推進ネットワーク事務局長）

■全国に広がる市民討議会の開催事例と実施方法をQ&Aで解説。
■住民主権の原点を再生し、公共課題をみんなで解決する社会へ。
■情報の共有、問題点の提示、繰り返しの討議で知恵が生まれる。

□A5判／120頁／定価1,050円（税込）

TEL.03-3221-9455　FAX.03-3288-1019

〒102-0083 東京都千代田区麹町2-3 麹町ガーデンビル9C

全国の主要書店・政府刊行物サービスセンター官報販売所でも取り扱っています。

D-file [ディーファイル]

イマジン出版
〒112-0013 東京都文京区音羽1-5-8

分権自治の時代・自治体の
新たな政策展開に必携

自治体の政策を集めた雑誌です
全国で唯一の自治体情報誌

毎月600以上の自治体関連記事を
新聞1紙の購読料なみの価格で取得。

[見本誌進呈中]

実務に役立つよう記事を詳細に分類、関係者必携!!

迅速・コンパクト
毎月2回刊行(1・8月は1回刊行)1ヶ月の1日~15日までの記事を一冊に(上旬号、翌月10日発行)16日~末日までの記事を一冊に(下旬号、翌月25日発行)年22冊。A4判。各号100ページ前後。各号の掲載記事総数約300以上。

詳細な分類・編集
自治体実務経験者が記事を分類、編集。自治体の事業・施策に関する記事・各種統計記事に加えて、関連する国・企業の動向も収録。必須情報がこれ一冊でOK。

見やすい紙面
原寸大の読みやすい誌面。検索しやすい項目見出し。記事は新聞紙面を活かし、原寸サイズのまま転載。ページごとに項目見出しがつき、目次からの記事の検索が簡単。

豊富な情報量
58紙以上の全国紙・地方紙から、自治体関連の記事を収録。全国の自治体情報をカバー。

自治体情報誌 D-file別冊 Beacon Authority [ビーコン オーソリティー] 実践自治

タイムリーな編集
年4回刊(3月・6月・9月・12月、各月25日発行)。各号に特集を掲載。自治体を取りまく問題をタイムリーに解説。A4判・80ページ。

施策の実例と評価
自治体の最新施策の事例を紹介、施策の評価・ポイントを解説。各自治体の取り組みを調査・整理し、実務・政策の企画・立案に役立つよう編集。

条例・要綱を詳細に収録
自治体が制定した最新の条例、要綱、マニュアルなどの詳細を独自に収録。背景などポイントを解説。

自治体アラカルト
地域や自治体の特徴的な動きをアラカルトとして編集。自治体ごとの取り組みが具体的に把握でき、行政評価、政策分析に役立つ。

実務ベースの連載講座
最前線の行政課題に焦点をあて、実務面から的確に整理。

D-fileとのセット
D-fileの使い勝手を一層高めるために編集した雑誌です。
別冊実践自治[ビーコンオーソリティー]のみの購読はできません。

ご購読価格 (送料・税込)

☆年間契約	55,000円	=[ディーファイル]年間22冊 月2冊(1・8月は月1冊) 実践自治[ビーコンオーソリティー]4冊/(年間合計26冊)
☆半年契約	30,500円	=[ディーファイル]半年間11冊 月2冊(1・8月は月1冊) 実践自治[ビーコンオーソリティー]2冊/(半年間合計13冊)
☆月払契約	各月5,000円(1・8月は3,000円)	=[ディーファイル]月2冊(1・8月は月1冊) 実践自治[ビーコンオーソリティー]=3,6,9,12月各号1,250円

お問い合わせ、お申し込みは下記「イマジン自治情報センター」までお願いします。

電話(9:00~18:00) **03-3221-9455**
FAX(24時間) **03-3288-1019**
インターネット(24時間) **http://www.imagine-j.co.jp/**